Николай
Крючков

Константин Евграфов

Николай Крючков

●

Артист на все времена

●

Москва
ЭКСМО
«АЛГОРИТМ»
2003

УДК 882
ББК 85.374-8
Е 14

Оформление художника *Е. Ененко*

Евграфов К. В.

Е 14   Николай Крючков. — М.: Изд-во Эксмо, 2003. — 256 с., илл.

ISBN 5-699-02284-8

Николая Крючкова знают у нас в стране все, кто любит кино, от мала до велика. А каким он был в обыденной жизни, рассказывают друзья и знакомые популярного артиста, его вдова и сам герой книги. При этом рассказы самого Н. Крючкова отличают добрая ирония, оригинальный юмор — это поистине комические, а порой и трагикомические истории.

УДК 882
ББК 85.374-8

ISBN 5-699-02284-8

Когда бывает в жизни нелегко
И не всегда судьба тебе послушна,
Живи красиво, вольно, широко,
Люби людей светло и простодушно.

Не унижай беспечностью свой труд,
Будь правдолюбцем, гордым и суровым,
И пусть тебя потомки помянут
Хорошей песней или добрым словом.

Николай Крючков

Русский характер
Вместо вступления

«Это было недавно, это было давно...» В те достославные времена перед каждым художественным фильмом крутили «Киножурнал» — кадры кинохроники минут на пятнадцать. Зрителю показывали и рассказывали, что происходит у нас в стране и за рубежом, каковы последние достижения в науке и технике, в мире искусств, как варят сталь и сеют хлеб и о многом другом, занимательном и интересном. И порой случалось так, что «Киножурнал» оставлял у зрителей большее впечатление, чем сам фильм.

После хроники включали свет на несколько минут, чтобы опоздавшие не бродили в темноте, а могли спокойно занять свои места.

Так вот, в годы войны среди завзятых любителей-киношников ходила такая байка. Некий нетерпеливый пацан сумел прошмыгнуть в зал во время показа кинохроники, в темноте нашел свое место и стал приставать к соседям слева и справа:

— А Крючков играет?.. Крючков играет?..

Не дает людям смотреть журнал! Все от него отмахиваются: не знаем, мол, а ты не суетись и помолчи. И тогда возмущенный пацан взрывается:

— Если Крючков не играет, чего вы здесь торчите?

В те годы не спрашивали, о чем фильм, если в нем играл Крючков — одно его участие в картине уже обеспечивало ей безусловный успех. Размышляя о «секрете» этого успеха, можно сколько угодно говорить о высоком профессиональном мастерстве актера, самобытном русском характере, воплощенном в его творчестве, о его человеческом обаянии и мужественной красоте — и это будет правда. Но не вся. Она еще не в полной мере объясняет саму сущность такого явления в киноискусстве, как Крючков.

Пожалуй, самую неоспоримую характеристику этому явлению дал наш замечательный артист и кинорежиссер Сергей Бондарчук: «Есть художники, которые приходят в этот мир, чтобы с наибольшей полнотой выразить дух своего времени. В глазах и представлениях грядущих поколений они остаются выдающимися ориентирами, знаками эпохи. К таким художникам я отношу Николая Афанасьевича Крючкова. Достаточно назвать его имя, и в памяти высвечиваются его фильмы, образы, эпоха. Выдающийся артист, народный любимец, он был символом советского киноискусства 30—50-х годов. Все, что он делал в кино позднее, до самых последних своих дней, корнями уходит в то жестокое и прекрасное время. Менялись его герои, менялся сам артист, но по-прежнему великими оставались его человеколюбие, душевная щедрость, цельность натуры, выразительная ясность характера».

И еще: «Чтобы понять русский характер, надо непременно посмотреть хотя бы один фильм с участием Николая Афанасьевича. А лучше посмотреть все. Потому что, исполняя разные роли в разных кинокартинах, Крючков всегда оставался самим собой. В отличие от других актеров он не лицедействовал. Это вовсе не говорит о том, что лицедейство — значит, плохо. Все актеры — лицедеи. Но он никогда не притворялся, изображая кого-то».

Далее, упомянув о «трех богатырях русской культуры советского периода», Борисе Андрееве, Николае Крючкове и Петре Алейникове, Бондарчук делает вывод: «Даже если согласиться, что мы жили, как говорят, в эпоху мифов, зашоренности, заидеологизированности, тем более надо будет признать, что искусство этих богатырей, народность характеров, которые они создавали, узнавание зрителями в их персонажах своих современников помогали людям жить, надеяться, строить свое будущее».

К этому вряд ли что можно добавить, разве лишь то, что зрители не только узнавали в киногероях своих современников, но и старались подражать им. Видимо, такова уж человеческая натура — перенимать у лучших представителей своего рода те черты и качества, которые могли бы возвысить тебя самого. Хотя бы в собственных глазах. И это мудро устроено природой, иначе бы человечество просто деградировало.

Обаяние личности Крючкова, природная убедительность и достоверность на экране обладали таким эмоциональным зарядом, не поддаться воздействию которого было невозможно. Существует великое множество свидетельств людей, признававшихся Крючкову в том, что именно он или его экранные герои решили их судьбу. Приведу лишь два.

На одной из послевоенных встреч со зрителями к Крючкову подошел генерал-лейтенант танковых войск, увешанный орденами и медалями, и, пожимая артисту руку, сказал:

— А ведь это вы, дорогой Николай Афанасьевич, «виновник» всех моих наград. После просмотра фильма «Трактористы» я не раздумывая пошел в военное училище. Вы — моя судьба.

А ведь после этого фильма, в котором Крючков сыграл одну из своих любимых ролей — Клима Ярко, — сотни и тысячи молодых людей сели за рычаги тракторов, которые вскоре сменили на рычаги танков.

А вот свидетельство старейшего артиста Воронежского областного театра драмы Юрия Розанова:

— Весной сорок второго меня за что-то выгнали с уроков, а учился я в седьмом классе. В кинотеатре «Художественный» шел тогда фильм «Свинарка и пастух». Так вот, мы с приятелем неделю ходили каждый день на два сеанса. Я выучил все песни, которые пели вы, Николай Афанасьевич, Ладынина и Зельдин. Так я освоил весь репертуар. И вот когда меня попросили выйти вон из класса, я взял дома гитару, вернулся в школу и стал петь под окнами нашего класса:

Стою один я у окошка,
Печаль туманит мне глаза.

И вдруг распахивается окно, и наша завуч громовым прокуренным басом:

«Розанов! Я тебе такую печаль устрою, что не только глаза затуманит! Артист! Без родителей чтоб и близко к школе не подходил!»

И что же? Ведь накаркала она мне с этим артистом! Через тринадцать лет окончил я театральную студию и стал артистом. Хотя, честно говоря, завуч тут вовсе ни при чем — это вы, Николай Афанасьевич, решили мою судьбу. А я... Я до сих пор учусь у вас правде сценической жизни, глубине проникновения в образ... До сих пор...

Актерское обаяние, конечно, подкупает зрителя. Но мало ли их сейчас, обаятельных, мельтешащих на экранах телевизоров, которые с белозубой голливудской улыбкой вспарывают животы женщинам и ударом ноги сворачивают челюсти прохожим, только чтобы показать свою «крутость»! Все, что раньше считалось для мужчины позором, стали рекламировать как доблесть. Во всяком случае, нас стараются убедить в том, что мужчина, не способный одним ударом кулака расколоть череп старушки, явный слабак.

А ведь всего два-три десятилетия назад Николай Афанасьевич вспоминал случай, который запал ему глубоко в душу.

Рыбачил он тогда на Азовщине. Притомился и зашел в рыбацкую избу. Попросил попить. На нем резиновые сапоги, «кепарь», как он называл свою кепку, нахлобученный на самые глаза, да и подзарос маленько. Хозяйка подала ему ковш. Когда он сел пить, поднял глаза — и увидел на стене собственный портрет.

— Это кто же? — спросил. — Родственник или знакомый?

А она ему:

— Артист это, Крючков. Уж больно хороших людей играет.

Эти слова рыбачки были для артиста высшей наградой: «хороших людей играет...» Вот вам и весь «секрет» обаяния!

Для самого Крючкова в определении героя существовало понятие «мой человек».

— Все, что я сыграл в кино, — говорил он, — было моим. Наверное, потому, что люди, пришедшие ко мне из жизни, вместе со мной и в дружбе со мной вернулись с экрана в жизнь.

И как-то признался, что на съемочной площадке он вообще не играл.

— Мне кажется, — вполне искренне сокрушался он, — что я статичен, то есть без изменений иду от ленты к ленте. Единожды взял курс рассказывать о тех людях, с которыми знаком, в которых влюблен, на которых сам хочу походить в жизни, — так и всю жизнь придерживаюсь этого курса.

Необычайно требователен к своему творчеству Николай Афанасьевич здесь, очень уж сурово отнесся сам к себе, говоря о «статичности». Иначе чем же объяснить то невероятное явление, что все эти «статичные» герои, так «похожие» друг на друга, в исполнении Крючкова становятся оригинальными личностями, нарицательными персонажами? И это при том, что Николай Афанасьевич, играя своих современников, почти не пользовался гримом. На этот счет у него были тоже свои принципиальные соображения.

— Что такое перевоплощение? — размышлял он. — Некоторые видят это «перевоплощение» в наклеенной бороде. Перевоплощения для актера не в том, чтобы его ни в коем случае не узнали на экране, а в том, чтобы непременно узнали, только в новом свете, в новом ракурсе. Я против внешнего, поверхностного перевоплощения, когда достаточно изменить лицо и костюм. Надо пропустить роль сквозь себя, думать о внутреннем перевоплощении, движимом новыми ритмами жизни, строем мысли, психологией героя, неповторимым своеобразием его характера. Самое главное в человеке — не его внешняя характерность, которая может много раз меняться, а психика человека, комплекс его моральных качеств, соответствие его поступков идее.

Крючков сыграл за свою длинную творческую жизнь в ста двадцати фильмах. Были среди них ленты прекрасные, удачные и явно проходные. Все так. Из песни слова не выкинешь. Но невозможно найти в них хотя бы один проходной образ, даже эпизодический, сыгранный Крючковым. Он никогда не позволял себе в творчестве опускаться ниже той планки, уровень которой с годами лишь завышал. И всегда помнил короткую притчу Александра Довженко о двух приятелях, смотрящих в лужу: один видит собственно лужу, а другой — отраженное небо в звездах.

— Так что, — говаривал по этому поводу Николай Афанасьевич, — все зависит от восприятия жизни человеком. Я хочу видеть звезды. И в жизни, и в искусстве.

Эту притчу Крючков как-то проверил на журналисте Николае Баркалове, когда тот приехал к нему на Икшу, что в Подмосковье. Баркалов, надо сказать, подал в это время заявление в космическую комиссию журналистов. Очень хотелось ему первому из пишущей братии побывать в космосе. Просто грезил небом. И застал он Николая Афанасьевича с удочкой на реке. Долго молча стоял сзади, чтобы не спугнуть рыбу. Но клева все не было и не было, и тогда он решился и спросил:

— Николай Афанасьевич, вы, случайно, не устали смотреть на этот поплавок?

— Ты думаешь, я только на него и смотрю? — усмехнулся Крючков.

— Куда же еще? — удивился журналист.

— Да туда же, куда и ты, — на небо.

— Простите, — смутился Баркалов, — но мне показалось, что вы все время смотрите вниз.

— Мало ли кому что кажется, — недовольно проворчал Николай Афанасьевич. — Но журналист, особенно космический, просто обязан зорким быть. А ну-ка и ты глянь. Извини, брат, но хочу и я проверить твое зрение. Что видишь там, кроме поплавка?

— Крючок с насадкой.

— А ты, брат, зорче да глубже смотри. Неужели ничего не видишь?

Глянул журналист «зорче», и будто явилось ему второе, глубинное зрение.

— Вижу солнце!

— Что еще видишь?

— Вижу голубое небо....

— Дальше смотри. Дальше!

— Белые облака вижу!

— То-то и оно, а то поплавок! — успокоился

Николай Афанасьевич. — Ты бы еще сказал, что около поплавка мусор заметил. Увидеть мусор с поплавком ни зрения, ни ума не надо... — И без всякого перехода: — Вот нынешний кинематограф слишком уж увлекается демонстрацией сцен жестокости, насилия и откровенной порнографии — тут, сколько ни смотри, никакой звезды не увидишь...

Как говаривала незабвенная Фаина Раневская: «Какая же я старая: я еще помню приличных людей». Но это так, к слову.

Большим жизнелюбом оставался Николай Афанасьевич до последних дней. На своем семидесятилетнем юбилее он, как всегда без всякой рисовки, сказал:

— Если говорить серьезно, то я сейчас молод как никогда. Посудите сами: убивать меня убивали, под расстрелом несчетное количество раз стоял, а вот он я — живой! Закрою глаза — и передо мною ленты тех картин, в которых снимался. Каких волевых и красивых людей мне довелось играть! Вот они теперь и ведут меня за собой, грудью прикрывают от всех невзгод — и от старости тоже. А слава?.. Что слава? Я ее заставлял работать так же, как и своих героев.

О ком это? О себе — создателе незабываемых экранных образов, или о своих героях, в каждом из которых неповторимый отпечаток самого их творца? А это не имеет ровно никакого значения, потому что все герои Крючкова и сам их творец в равной мере были Личностями — не только уникальным продуктом своей величаво-трагической эпохи, но и ее созидателями.

Известно — со временем слова ветшают, теряют свое первоначальное значение, а то и вовсе обретают новый смысл. По иронии судьбы слово «личность» нынче чаще всего употребляют по отношению к политикам, среди которых как раз и наблюдается катастрофический дефицит этих самых личностей. В кинематографе личности, кажется, вообще исчезли. Их заменили так называемые «звезды».

Вообще, говорят, звезда небесная во все времена была прелестнейшим поэтическим образом для боговдохновенных натур. Но когда этот образ переносится на человека, тем более творческого, трудно избавиться от его ехидной двусмысленности, ибо все звезды (опять же — небесные) без исключения превращаются в конце концов либо в белых карликов, либо в черные дыры — в пустоту. Что и говорить — жизнь с такой унылой перспективой должна казаться человеку-звезде и безрадостной, и бессмысленной.

Но довольно витать в просторах Вселенной. Опустимся на нашу грешную землю и послушаем, что говорят по этому поводу профессионалы. Выдающийся американский актер Спенсер Трейси выразил свою мысль с предельной категоричностью: «Если и существует такая вещь, как «изюминка звезды», то, на мой взгляд, — это ее личность. Я никогда не видел роли, хорошо сыгранной актером, в которой бы не выявилась часть его личности... Личность — вот все, что требуется от актера, личность и интуиция».

А Крючков, вне всякого сомнения, был самобытно-талантливой Личностью с большой буквы. Справедливости ради кинорежиссер Григорий Чухрай отметил: «...Не один Крючков воплотил на нашем экране выразительный тип современника. Были Евгений Самойлов, Сергей Столяров, Иван Новосельцев. Были и другие. Крючкова можно бы назвать в известном смысле первым среди равных. В нем не было сказочно-былинной красоты Столярова. В нем не было слегка утонченной, слегка изысканной неотразимости Самойлова. Не было и строгой, чуть-чуть суховатой сдержанности Новосельцева. Не было, естественно, исполинской физической мощи Бориса Андреева. Хотя многое, очень многое действительно роднит его с этими актерами, как и с Петром Алейниковым, Николаем Боголюбовым, Иваном Переверзевым, Борисом Тениным. В нем было в избытке то, чему трудно подобрать точное название. Чему ближе всего подходят слова «творческая самобытность».

Крючков пришел в кинематограф уже состоявшейся цельной Личностью. Вспомним, что это были тридцатые годы, когда сосуществовали Художественный театр и «Синяя блуза», Камерный театр Таирова и Театр Мейерхольда.

Как-то Николая Афанасьевича спросили, как ему удалось не растеряться в такой разноголосице театральных школ и направлений в самом начале своего творческого пути, тогда как иные его более опытные коллеги не сразу нашли свою нишу в искусстве.

— Растеряться, — согласился Крючков, — кому-то было действительно нетрудно. — И добавил: — Но вы упустили «мелочь»: у меня был ориентир — социальная среда, в которой я родился и вырос, чутье рабочего человека, та нелегкая школа жизни, которую я прошел к тому времени, постигнув в ней что-то очень для себя важное... И тут нужно учитывать еще одну «деталь» — Время. Ведь в каждый период истории народа искусство выполняет конкретные, определенные задачи. Тридцатые годы — это немыслимый взрыв, всплеск трудового энтузиазма, это целая вереница событий, едва ли не каждое из которых стало историческим. Магнитка, Днепрогэс, Комсомольск-на-Амуре, перелет Чкалова, папанинцы... Страна как бы выдавала на-гора настоящих героев. В это время то же самое происходило в кинематографе: «Чапаев», трилогия о Максиме, «Член правительства», «Комсомольск». И я вовсе не против того, чтоб понятие «герой» рассматривалось многогранно. В популярной в те годы песне были такие слова:

> Когда страна прикажет быть героем,
> У нас героем становится любой.

И это было действительно так. Страна призывала: «Комсомолец — на трактор! Девушки — на самолет! Активисты — в забой!» И люди не по принуждению, а по велению сердца отзывались на эти призывы, ломали характеры, собственные влечения, семейные традиции и шли туда, куда их призывали. Страна приказывала быть стахановцами, папанинцами, мичуринцами, тимуровцами, и люди стремились ими стать.

Предвижу запоздалые упреки в адрес Николая Афанасьевича со стороны тех, кто хотел бы напомнить о муках «кремлевских жен» и обитателей «Дома на набережной» в те же самые 30-е — величественно-роковые. Но, думаю, великий артист никогда бы не принял эти упреки: ему близки были по духу люди-созидатели, натуры по-русски широкие и щедрые. И он никогда не понимал людей, скорбящих об утраченных иллюзиях.

Да и кроме того, Николай Афанасьевич лишний раз напомнил бы притчу о луже, в которой он хотел видеть отраженное небо в звездах. Ну а кто хочет в ней поваляться — так ведь вольному воля. И не следует приглашать других поваляться с собою рядом.

«Мой девиз, — любил повторять Крючков, — служить народу». И это не звучало красивой фразой — ему были глубоко чужды как пустозвонство, так и крикливость. Он не терпел фальши ни в жизни, ни в искусстве.

Его жена Лидия Николаевна Крючкова, с которой Николай Афанасьевич прожил долгие десятилетия, писала: «Его жизнь раскрылась на эпоху, где все в жизни и на экране неподдельным чувством обеспечено. Эту эпоху можно назвать великой для русского киноискусства, и он был одним из тех, чья судьба в ней была необычайна. Через кинороли он передал апофеоз великого жизнелюбия и талантливости русского народа. У него хватило драматической силы и выразительных средств дать актерскую киноповесть о герое-современнике на протяжении всего творческого пути. Он был той индивидуальностью, которая завоевала любовь миллионов зрителей, пробуждая в них чувство прекрасного в человеке, открывая красоту в повседневной жизни, олицетворяя воплощение торжества мужества, справедливости и гуманности…

В нем видели не только артиста-исполнителя, но и человека, прошедшего со страной дорогами борьбы и побед. Оптимизм, любовь к Родине, природе удерживали его на градусе молодости — человеческой и творческой».

Жизнь Николая Афанасьевича вовсе не состояла из череды бесконечных побед и достижений, как могло бы показаться на первый взгляд. Творческий путь всякого великого художника — это всегда мучительный путь первопроходца, открывающего одну неизведанную даль за другой. И познание этого пути представляет интерес хотя бы потому, что ведет к познанию Личности — что само по себе уже занимательно. К тому же — если Личность эта наш старый и вечно молодой «знакомый незнакомец» Николай Афанасьевич Крючков.

Крючков среди людей

Лидия Смирнова как-то заметила о своем давнем кинематографическом партнере: «Крючков среди людей — это, пожалуй, не менее интересно, чем Крючков на экране. Он был любим всеми, кто видел его на экране и знал лично. Популярность его легендарна. В общении он всегда был доступным, земным. Это человек редкой душевной доброты».

Сейчас уже мало осталось тех, с кем Николая Афанасьевича связывали не только творческие узы, но и теплые товарищеские отношения, которые сохранялись годами и десятилетиями и которыми он очень дорожил. И дай им бог многих лет. Они сохранили в своей памяти живые свидетельства об общении с великим артистом. Другие же оставили после себя воспоминания, в которых запечатлели черты характера жизненного образа Николая Афанасьевича.

И все эти штрихи к его портрету придают ему больше живости и человечности, без которых он, этот портрет, выглядел бы застывшей театральной маской, скрывающей душу артиста, его неповторимую Личность.

Понимаю, никакими литературными средствами не передать характерный, с хрипотцой, голос Крючкова, его интонации. Причем каждый оборот речи, а то и слово, которое он хотел выделить, подчеркнуть, сопровождались определенными жестами, выразительной мимикой, многозначительными паузами. А рассказчик он был удивительный и неутомимый. Как вспоминал Владимир Этуш, «его немного приблатненная речь, которой щеголяли многие киношники, не умолкала».

Сейчас многие артисты, которые слышали живую речь Николая Афанасьевича, пытаются подражать ему. Некоторым это удается больше, другим меньше, но никому еще не удалось достичь полной идентичности. Словами же, конечно, это тем более не выразить.

Истории, которые я предлагаю уважаемым читателям в этой главке, рассказаны мне друзьями-товарищами Николая Афанасьевича, его знакомыми и почитателями. Я бережно сохранил в них образ артиста, но, увы, не в моих силах было озвучить его неподражаемую живую речь.

Чтобы восстановить этот пробел, читатели должны будут всего-навсего вспомнить голос экранного Крючкова, и все сразу встанет на свои места: Крючков и на экране и в жизни всегда оставался самим собой.

Крючков, Шаляпин и Карл Маркс

Мне было известно, что Николая Афанасьевича Крючкова связывала многолетняя теплая дружба с выдающимся актером мирового кино, его сверстником, Сергеем Дмитриевичем Столяровым. Сын последнего, Кирилл, светлой души человек и тоже артист, как говорят, с младых ногтей вращался в актерской среде и после смерти отца продолжил эту дружбу с дядей Колей. Так кто мог больше него рассказать о «Крючкове среди людей»? И я попросил:

— Кирилл, нарисуй, пожалуйста, портрет Николая Афанасьевича не акварелью, не елеем, а обычным грифелем. Сможешь?

— Хорошо, попробую, — не стал ломаться Кирилл. — И для затравки вспомню одну историю, о которой мне рассказывал отец.

Сидят за столиком в театральном буфете три артиста: Сергей Мартинсон, Константин Сорокин и Николай Крючков. Пьют чай. А надо сказать, что Сорокин увлекался русской историей. Его интересовали подробности расстрела царской семьи, судьба Шаляпина и тому подобные эпизоды нашей истории, в которых тогда еще не было полной ясности. Он отличался необыкновенной скромностью, и когда его спрашивали: «Константин Николаевич, вы выступаете сегодня?» — он отвечал: «Выступает Шаляпин, а я участвую в концерте».

Так вот, сидят они, пьют чай, и Сорокин продолжает свою вечную тему:

— А ты помнишь, Сережа, когда после окончания оперы «Жизнь за царя» Шаляпин вдруг встал на колени перед императорской ложей, где сидел государь с семьей?

— Как же, как же, Костя! Тогда вся передовая общественность во главе с Горьким, другом Федора Ивановича, возмутилась этим его верноподданническим поступком!

— А ведь Шаляпин всего-навсего просил государя, чтобы он повысил ставки хористам императорского театра. Они бедствовали!

— Конечно, помню, Костя!

— А о чем там была речь, ребята? — вклинивается Крючков.

Мартинсон морщится.

— Коль, ты этого не понимаешь, так смолчи.

И Сорокин продолжает:

— А потом Шаляпин написал Рахманинову, который был в это время в эмиграции, письмо.

— Ну как же, Костя! Я помню это письмо...

— А что он там написал, ребята?

Мартинсон досадливо отмахивается.

— Коль, ну помолчи!.. И вот когда Шаляпин должен был уже помириться с Горьким...

— Ну конечно же! — перебивает Сорокин. — Мои друзья из Мариинского театра...

— И что эти друзья? — Крючков.

— Слушай, Коль, отстань... Ты ведь этого не читал!

— Одну минуточку! — Крючков отодвигает чашку с чаем в сторону. — А что написано у Карла Маркса? «Капитал». Второй том. Третий абзац сверху. Что написано?

Мартинсон тушуется.

— Не знаю... Я не читал.

— И я не читал, но я же не выпендриваюсь!

Вот в этом весь Крючков, — комментирует свой рассказ Кирилл. — Он никогда не корчил из себя значительную фигуру, этакого мэтра. Он был искренним до конца. За это его и любили. Когда мы говорим о нашем кинематографе тридцатых годов — это Крючков. И всё! Ни влево, ни вправо. Таким я его и запомнил: с папироской в зубах, с часами на руке. Вот на параде — все задрали головы и смотрят на самолеты, а он грызет яблоко и смотрит по сторонам. Он был человеком своего времени, он выразил эпоху. Он был настоящим пролетарием — гравер-накатчик, парень с Пресни. Он так себя и называл — «парень с Пресни». Носил эту свою кепочку, которую называл «кепарь». «Кепарь у меня, старик. Кепарь!» Ни разу не надел шляпу. У него свой стиль, и он не выходил из его рамок. А с отцом его связывала общая любовь к природе, к рыбалке.

По системе Станиславского

В 1952 году снимали фильм «Садко», Сергей Столяров играл в нем главную роль, Крючков — боярина. Снимали в Тишкове. Дом отдыха МХАТа, канал, плотина, запретная зона. Там построили макет Господина Великого Новгорода с замечательными декорациями.

Николай Афанасьевич был очень дисциплинированным актером. Как всегда, он вставал в шесть утра, гримировался, нацеплял бороду, смотрел на небо: если набегали облачка, съемки не будет. Он снимал с себя боярскую шапку, боярское одеяние, складывал все это аккуратно в кучку. И вот в этой жуткой бороде, с удочками — сразу под куст. А он еще как только приехал, вбил недалеко от декораций в берег кол.

— Знаешь, старик, — учил он пятнадцатилетнего Кирилла, — главное в этой жизни — пищеблок! Вообще пищеблок. И я наладил с ним отношения. Там официантки все вот такие! И они мне корм дают.

Он каждый вечер приходил на кухню, и ему давали ведро всего, что оставалось: лапши, картошки, супа... Он нес это к своему колышку и вываливал там — подкармливал рыбу.

Но среди мхатовцев было тоже немало рыбаков.

— Ну что ты, Афанасьич, — говорили ему. — Не клюет здесь. Вот в запретной зоне...

— Ничего, старик, у меня клюнет. Вы не умеете ловить. Вы ловите по системе Станиславского, а я — по системе Крючкова. Вот сейчас внимательно следите за моей рукой. — Он делал какой-то непонятный жест. — Вот видите — и готово! Я поймаю огромного леща. Вот такой лещинский будет! Держу пари.

И он поспорил с мхатовцами на ящик коньяку, что до конца съемок поймает этого леща.

Дни стояли пасмурные, съемок не было, и Афанасьич с утра куда-то уходил.

— Коль, ты куда? — спрашивали его.

— Вы тут занимайтесь своими делами, а у меня свои дела. Я творчеством займусь.

И вот проходит неделя, снимают последнюю сцену. Мхатовцы говорят:

— Все, Коля, проспорил. Пришла пора расплачиваться.

А Николай Афанасьевич относился к спорам свято: проспорил — плати.

Итак, последняя сцена. Массовка.

— Приготовились!.. Мотор!..

И вдруг жуткий крик:

— А-а-а!

— Стоп! Кто кричал? Сорвали!..

Смотрят и видят — Крючков стоит в воде, в черном костюме, белой рубашке, при галстуке, и прижимает к груди огромного леща. А он грязный, весь в тине.

— А-а-а!

Это был миг торжества. Прямо по Хемингуэю. Все-таки прикормка соблазнила леща, и он попался.

— Ну что оторопели, мхатовцы? Гоните ящик коньяку по системе Станиславского! Вот так вот!

Мхатовцы изобразили немую сцену.

«Серега, я — Черчилль!»

В 1957 году в Индии проходил фестиваль советских фильмов. В составе нашей киноделегации были Николай Крючков, Сергей Столяров, Людмила Касаткина, Клара Лучко, Ольга Заботкина, Иосиф Хейфиц, Сергей Юткевич. Представительная делегация! И принимал ее сам премьер-министр Джавахарлал Неру, который выступал за вечную дружбу двух народов.

Встречали кинематографистов фантастически! Дели, Калькутта, Бомбей — миллионы людей на улицах, шикарные номера в лучших гостиницах...

И тут Радж Капур устроил у себя неофициальную товарищескую встречу кинематографистов двух стран. А надо сказать, тогда в Индии был сухой закон. Но Раджу разрешено было держать для гостей бар: виски, коньяк, водка, вино — все что душе угодно. Никто, правда, не увлекался предоставленной возможностью, но тем не менее гости пришли в благодушное состояние. Вечер удался на славу. Было уже поздно, когда Крючков со Столяровым вернулись в свой шикарный номер, а не остывший еще от возбуждения Николай Афанасьевич все изливал свои чувства:

— Все здорово получилось, старик. Все нормально. Даже оскоромились — и теперь все!

— Давай спать, Коля.

— Давай.

Столяров лег, а Крючков что-то замешкался и вдруг зовет:

— Смотри, Серега, я — Черчилль!

Сергей Дмитриевич открывает глаза и видит картину: хрустальная люстра, золоченые бра, потрясающий палас, а перед ним стоит в черных сатиновых советских трусах Афанасьич с огромной сигарой во рту.

— Я — Черчилль, Серега! Я — Черчилль!

А Черчилль был тогда одиозной фигурой — «поджигатель войны», объект для карикатуристов с этой дымящейся сигарой в зубах.

Афанасьич ходил босиком чаплинской походкой по номеру и бормотал:

— Ну вот, Серега, я — Черчилль.

Так под это бормотание Столяров и уснул. Проснулся от страшного крика:

— А-а-а!

В номере полумрак, дым, вонь — ничего не понять. Оказывается, Афанасьич так и лег с сигарой на кровать. И уснул. Сигара упала на матрас, набитый какой-то сухой индийской травой, и он стал тлеть. А когда стали тлеть сатиновые трусы и Афанасьича припекло, он понял, что горит.

Залили матрас и трусы водой из графина, бросились открывать окно... Да-а, «холодная война». Чужая страна. Великолепный отель. Прием на высшем уровне. Мир, дружба! Что делать? Катастрофа! Кругом грязь, копоть, которую никак не скрыть...

— Все, Серега, абзац... Теперь я невыездной. Нет, все! Теперь меня в ЧК за это место — и порядок, все!

— Ладно, Коля, надо что-то придумать.

— Да все, Серега! Я теперь невыездной... А что делать?

— Послушай, давай поедем к послу!

Столяров был знаком с Бенедиктовым, который в ту пору был нашим послом в Индии.

— Расскажем ему, как дело было, — развивает свою идею Столяров, — может, он чего придумает.

Чуть свет приехали в посольство, рассказали обо всем послу. Бенедиктов поблагодарил за то, что приехали, предупредили.

— Ну что ж, — сказал, — будем ждать, какие шаги последуют с индийской стороны.

Подавленные, пошли обратно. Приходят в гостиницу, открывают номер, а там — будто ничего и не случилось! Чистота, порядок, новый матрац, свежее полотенце висит. Там вообще каждый день вешали свежие полотенца. Не как у нас — смотрят, не утащили ли чего дорогие гости.

Так был исчерпан этот инцидент с Черчиллем. И никаких последствий. Никакого международного конфликта.

Крючков Ленина не играл

После одного выступления в целинном совхозе директор устроил в клубе для артистов небольшой ужин. После того как гости выпили и закусили, он стал приглашать Крючкова к себе домой.

— Дорогой Николай Афанасьевич! — умасливал он артиста. — Моя жена смотрела все фильмы с вашим участием. Она вас просто обожает и очень расстроится, если вы не зайдете ко мне в гости.

Крючкову не хотелось идти в гости: и степные дороги всех порядочно измотали, и от бесконечных концертов устали, да еще и завтра утром нужно было ехать дальше. Николай Афанасьевич объяснил все это директору, и артисты поддержали своего товарища, ссылаясь еще и на то, что уже поздно. Но хлебосольный хозяин был неумолим.

— Вы даже не представляете, как будет огорчена моя супруга: совсем рядом был ее кумир, и она не увидела его.

— А разве она не была на концерте? — удивился Крючков.

— Она дома стол накрывает, ждет вас. Ведь

все ваши фильмы просмотрела, и не увидеть живого Крючкова!

Николаю Афанасьевичу стало неловко, и он задал последний вопрос директору, надеясь втайне все-таки как-то отмотаться от гостеприимства:

— А какой мой фильм ей больше всего нравится?

И тут хозяин, который, видно, вообще не смотрел кино, а только слышал некоторые названия фильмов, брякнул:

— «Ленин в Октябре»!

Крючков поднялся и вздохнул.

— Пошли, ребята. Нам завтра рано вставать. — И, выходя из-за стола, пояснил директору: — А товарища Ленина там играл не я, а товарищ Щукин. Но он, к сожалению, давно уже умер. Так что ничем не могу помочь. Привет супруге.

Как объяснялся хлебосольный директор перед своей супругой, о том история умалчивает.

Автограф Брежнева

Как-то киностудия «Казахфильм» пригласила Крючкова к себе, чтобы заинтересовать ролью в новом фильме. Места для Николая Афанасьевича были знакомые еще по эвакуации, и он принял приглашение.

— Не понравится сценарий, так хоть порыбачу, — объяснил он друзьям.

Как он и предполагал, сценарий оказался слабым, беспомощным, роль невыразительной. Сценарий ему вручил один из начальников студии и заверил артиста, что такого материала у них еще не было. «И слава богу», — горько усмехнулся Крючков и с утра поехал на рыбалку. Настроение было испорчено, к тому же и погода испортилась, рыба не клевала, и он в дурном расположении духа вернулся в гостиницу. И тут звонок с киностудии. Звонит тот самый начальник, который всучил ему сценарий и вчера еще одаривал всеми знаками внимания.

— Николай Афанасьевич? — вкрадчиво осведомился он. — Вы прочитали сценарий?

— Дрянь сценарий! — отрезал Крючков.

Наступила пауза.

— Как это дрянь? — спросил наконец начальник.

— Да так, дрянь, — повторил Крючков. — И не стыдно было предлагать такое?

Опять длинная пауза. Наконец:

— У нас через два часа в просмотровом зале показ нашего нового фильма...

— А я ваши фильмы и смотреть не хочу, — не дал ему договорить Крючков. — Что хорошего вы можете показать, если у вас такие сценаристы?

Связь прервалась, а через полчаса раздался звонок из приемной секретаря ЦК партии Казахстана.

— Николай Афанасьевич? Вас ждет для беседы секретарь ЦК товарищ... Сейчас за вами придет машина.

Когда Крючков спустился вниз, черная «Чайка» уже стояла у подъезда. А еще через пятнадцать минут он входил в огромный кабинет секретаря ЦК.

— Здравствуйте, товарищ Крючков. Нехорошо получается. Мне тут позвонили и доложили, что вы оскорбили и казахскую нацию, и ее культуру.

— А я ни с кем еще и не разговаривал, — удивился Крючков,

— Как же! А с автором сценария, который вам предложили?

— А-а! — протянул Крючков. — Так он еще и автор сценария? Использует служебное положение! — Он вытащил из кармана небольшую книжицу и открыл ее на титульном листе.

В глаза секретарю сразу бросилась размашистая подпись Брежнева.

— Вот Леонид Ильич узнал, что я еду в Казахстан, подарил мне свою книгу и просил заодно поинтересоваться, как у вас идут дела после его отъезда. Вижу — из рук вон плохо! Так и доложу дорогому Леониду Ильичу. Обрадую, так сказать.

— Ну зачем горячиться? — секретарь улыбнулся и посмотрел Крючкову в глаза. — Да, у нас есть отдельные недостатки, но по первому сигналу мы их сразу же исправляем. Вот тот человек, который вас оклеветал, уже не работает на студии… То есть работает, конечно, но уже в должности дворника! Вот так мы реагируем на сигналы.

Он весело расхохотался, вызвал секретаршу и приказал ей «помочь товарищу Крючкову во всем, о чем он попросит».

Расстались они друзьями.

Рыбьи пляски

Сам заядлый рыбак, Крючков приохотил к рыбной ловле и свою жену. Но если Лидии Николаевне удавалось подцепить большую рыбину, то вытащить ее, как правило, было неразрешимой задачей. Схватка обычно заканчивалась тем, что Лидия Николаевна несколько минут любовалась лишь то головой этой рыбины, то хвостом, то верхними плавниками, после чего ни добычи, ни крючка с леской, а то и части удилища как не бывало. Зато с мелкой рыбешкой она справлялась без проблем. Проблемы были у Николая Афанасьевича. Ему приходилось насаживать наживку на крючок жены; снимать рыбу с крючка тоже входило в его обязанности.

Лидия Николаевна ловила час, другой и все ждала, когда же мужу надоест эта канитель и он скажет: «Ну что ты здесь мешаешься?! Не даешь человеку заняться своим делом...» Но на лице Николая Афанасьевича не было даже тени неудовольствия. И тогда она сама сматывала удочку и тихо уходила, оставляя его одного. Она очень быстро поняла, что мужа не очень-то интересует улов — он был равнодушен к рыбным блюдам: ему нужно было остаться наедине с природой. Он чувствовал себя неуютно, если не мог видеть утренней или вечерней зорьки, водной глади, если не слышал птичьего гомона или шелеста листвы. На рыбалке он сливался с природой, чувствовал себя ее частью. «Проспишь зорьку, — говорил он, — потеряешь день».

Обычно его видели сидящим с удочкой почти

неподвижно. О чем он думал в эти минуты и часы, бог весть, но вот однажды он повел себя так, что его супруга серьезно забеспокоилась.

Николай Афанасьевич удил с пирса, и из окна номера в доме отдыха, где они жили, Лидия Николаевна увидела, что с мужем происходит что-то странное: он вдруг стал отбивать на дощатом настиле, как на эстрадной сцене, нечто вроде чечетки и при этом ходил этаким танцующим шагом от одного конца пирса до другого. Музыки слышно не было, и даже дятел на стучал, так что такт ему отбивать вроде было и не от кого.

Лидия Николаевна поспешила вниз и, когда уже подходила к пирсу, увидела, что ее муж сменил чечетку на некое подобие медленного вальса. Только вместо партнерши он крепко держал обеими руками круто изогнутое удилище и что-то хрипло шептал.

Леска была натянута как струна, а на другом ее конце широкими кругами ходила огромная рыбина. Чтобы не дать ей сорваться с крючка, Николай Афанасьевич повторял все ее немыслимые прыжки и пируэты.

— Подсак!.. — выдавил он наконец из себя.

Лидия Николаевна схватила подсак, до которого рыбак не мог дотянуться без риска упустить добычу, и общими усилиями они выловили красавца леща.

И тогда Лидия Николаевна спросила:

— А что у тебя с голосом?

— Тебя звал на помощь... Голос сорвал. Лещ, наверное, от моего крика оглох, а ты не слышишь, — он с любовью посмотрел на присмиревшую рыбину и улыбнулся. — А как мы с ним танцевали! Куда там «Половецким пляскам»! Это же были классические «Рыбьи пляски»! Жаль, никто не видал...

Жена промолчала.

«Если бы я был тайменем...»

У Крючкова был свой принцип отбора сценария.

— Вот я открываю сценарий, читаю: «Долина. Идет дым». Нет, ребята, это не по мне. «Автомобиль вздымает пыль». Нет, ребята, в этом я сниматься не буду. «Раскинулось море широко...» О, вот это годится! Будет рыбалка!

Фильм «Поэт» Барнет снимал в Одессе. Там у Николая Афанасьевича была небольшая роль. Артистов и съемочную группу разместили в гостинице «Лондонская». А Крючков поселился в порту на барже: там можно было ловить рыбу прямо из иллюминатора.

— При малейшей возможности, — вспоминает Кирилл Столяров, — он старался уединиться, остаться наедине с природой. Для него природа была отдушиной от лжи, конъюнктурных сценариев, вымученных героев. Он был органичен и правдив в любой работе, поэтому даже халтурный сценарий преодолевал своим богатым духовным миром.

Как-то отец и сын Столяровы возвратились с кинофестиваля, который проходил в Монголии, и при встрече с Крючковым Сергей Дмитриевич стал рассказывать товарищу, каких красавцев тайменей он ловил в монгольских речках. Видно было, что Николай Афанасьевич крепко позавидовал своему другу. Он вздохнул и спросил:

— А теперь куда собираешься ехать, Серега?

— Коль, — поделился Столяров-старший своими планами, — вот я сейчас сценарий пишу о Байкале, о рыбалке, о ловле тайменя. Может, поработаем вместе?

— С удовольствием! — загорелся Крючков. — Я у тебя консультантом буду. Я тебе о таймене столько расскажу!..

Договорились и расстались, довольные друг другом. А через некоторое время Столяров-младший снова встречает Крючкова.

— Слушай, старик, — говорит Николай Афанасьевич, — вот твой отец рассказывал про монгольского тайменя. А тут они пришли сами ко мне... эти... монголы. У нас; говорят, для тебя роль есть. Дрянь сценарий, старик, но поеду. Поеду, старик, — рыбалка прежде всего.

И он поехал.

Через какое-то время Кирилл опять встречается с Крючковым.

— Ну как Монголия, Афанасьич?

— А что? Жара тридцать градусов — вода кипит. Вот ты мясо рубаешь — мухи здесь, а мясо здесь. А потом мясо здесь, а мухи здесь. И должен тебе сказать, что потом слабит нежно, не нарушая сна: свистун-дмухановский идет всю дорогу... Ты о рыбалке? Ну что ты говоришь! Это была не рыбалка, а рыдание. Я его на берег, а он меня в воду! Часа два боролись.

И начался рассказ с хемингуэевскими подробностями: и как он леску ставил, и как таймень переливался всеми цветами радуги, и как он «мыша» делал (специальный крючок, обмотанной шерстью), и как таймень хватал этого «мыша»...

— Старик, — все еще переживал Крючков, — я такого «мыша» сделал!.. Ну, если бы я был тайменем, я за этого «мыша» дрался бы, старик! Красавец, старик! И вот на этого «мыша» я его и взял. На лунной дорожке!

О фильме ни слова. И тогда Кирилл не выдерживает:

— Ну а фильм-то как, Афанасьич?

— Фильм-то? А что фильм? Отыграл нормально. Только на премьеру не пошел. Пришли ко мне эти ребята... монголы. Звали. Не пошел. Нет, говорю, ребята, я ваше кино смотреть не пойду.

— Не обиделись?

— А чего им обижаться? Я договаривался играть роль и сыграл ее с полной отдачей. А смотреть эту ерунду я не подряжался.

Крючков сыграл в том фильме русского перевозчика, который переправлял через реку какого-то монгольского революционера. Действительно, охота на тайменя — это куда интереснее.

Закон есть закон

О Крючкове говорили, что он может поймать рыбу даже в дождевой луже. Его менее удачливые соперники, считающие себя профессионалами в рыбацком деле, порой не могли выудить даже в запретной зоне ни одной баклешки.

Однажды Николай Афанасьевич приехал в Астрахань, и с ним захотел познакомиться секретарь обкома партии. Познакомились, поговорили о том о сем, секретарь поинтересовался, как устроился народный любимец и нет ли у него каких-нибудь просьб.

— Есть, — ответил Крючков. — Нельзя ли организовать небольшую рыбалку?

— Чего проще! Завтра же с утра пораньше и организуем.

Крючков ушел, а секретарь вызвал инспектора рыбнадзора и сказал:

— Вот что, Максимыч. К нам приехал народный артист Николай Афанасьевич Крючков. Попросил устроить ему рыбалку. Завтра же с утра и отвези его, сам знаешь куда. Но учти: Крючков, говорят, азартный рыбак, а ты не дай ему увлечься. Хоть он и народный любимец, но закон есть закон, и не нам с тобой нарушать его. Иди. Потом доложишь, что и как.

На другой день рано утром моторка рыбинспектора с артистом на борту мчалась уже вниз по Волге к дельте. У протоки инспектор чуть свернул к берегу и заглушил мотор.

— Вот здесь, Николай Афанасьевич, и попробуем начать.

— Вам лучше знать где, — не стал возражать Крючков и поинтересовался: — Что ловить-то будем?

— Стерлядку.

— Стерлядку так стерлядку, — не моргнув глазом согласился Крючков, хотя никогда еще ее не лавливал.

Но инспектор уже приготовил наживку, они встали по разным бортам лодки и сделали заброс.

Не прошло и минуты, как лодка качнулась — это Николай Афанасьевич присел от неожиданности.

— Максимыч, я поймал!

— Поздравляю с почином.

И тут началось: Крючков не успевал вытаскивать рыбу за рыбой, а у инспектора даже ни разу не клюнуло. И Николаю Афанасьевичу стало его жалко.

— Максимыч, — предложил он, — может, поменяемся бортами?

— А какая разница? Сами знаете, если уж не повезет, так не повезет...

— Знаю, — вздохнул Крючков.

Наконец инспектор покосился на улов и стал сматывать удочки.

— Хватит, Афанасьич. Положено не больше трех кэгэ на нос, и мы свою норму на двоих взяли. Закон есть закон.

Рыбалка сблизила их, и они незаметно перешли на «ты».

— Неудобно, Максимыч, что ты ничего не поймал. А я ведь впервые стерлядку-то ловил, — признался Крючков, — и вон сколько надергал.

— В следующий раз мне повезет, — даже не огорчился Максимыч.

Крючков отдал ему свой улов, а инспектор пригласил его к себе вечером на уху и жарёху.

За обедом же в гостинице только и было разговору среди официанток и соседей по столику, как он «запросто дергал» этих стерлядок одну за другой, а у инспектора, профессионала-рыбака, даже ни разу не клюнуло.

А в это время Максимыч докладывал секретарю обкома о «культурном мероприятии»:

— Очень довольным остался народный артист. Я его к «яме» подвез, где стерлядка кучкуется, так он там надергал килограммов шесть.

— Предупреждал же тебя, — поморщился секретарь. — Не больше нормы! Сам-то еще сколько надергал?

— А у меня не клевало.

— Как не клевало? Почему не клевало? — не понял секретарь классного рыбака.

— Ну надо же было уважить гостя, — улыбнулся Максимыч. — Вот я на своих лесках крючки и срезал.

Потом этот прием использовали со всеми заезжими знаменитостями: и гостей ублажали, и закон не преступали.

А крючок-то шведский!

Съемки фильма «Бархатный сезон», в котором был занят Николай Афанасьевич, проводились в Швейцарии. А там в городах на каждой улочке магазины и лавочки. Чего там только нет! Крючков же заходил только в те, где продавались рыболовные снасти: лески, грузила, крючки, блесны разной конструкции и конфигурации, мормышки. Из магазина он никогда не уходил, не сделав хотя бы небольшую покупку. А стоит все это там баснословных денег. Вот он все суточные в этих магазинах и лавочках и оставлял.

Его особой гордостью были приобретенные там шведские крючки. Чем они отличались от отечественных, знал, наверное, только он сам. И вот случилось ему как-то рыбачить на Черном море с замечательным человеком и артистом Борисом Токаревым. Николай Афанасьевич дал ему удочку со шведским крючком и строго предупредил:

— Когда клюнет, резко не дергай. Скушает рыба крючок — поедешь в Швейцарию за новым.

После такого предупреждения Борису Васильевичу ничего не оставалось, как больше следить за сохранностью крючка, чем за поплавком. Эта чрезмерная осторожность и сыграла с ним злую шутку.

Опасаясь, как бы крючок не зацепился за какой-нибудь кустик или за валун, Токарев осторожно положил его на ладонь, а другой рукой неосторожно дернул за леску — и крючок впился ему в мясо. Незадачливый рыбак вскрикнул от боли. Подбежал Николай Афанасьевич и, не зная, что делать, закричал:

— Рви его, Боба, рви! Крючок-то шведский!

— Не могу, — взмолился Токарев, — там же жало!

— Проталкивай его наоборот! Проталкивай! Он выйдет!

— Никуда он не выйдет — там же утолщение!

Пришлось ехать на военно-морскую базу, в госпиталь. Там крючок вырезали, и Токарев с предосторожностями вручил его хозяину.

— Легко отделался, Боба, — сказал Николай Афанасьевич, пряча свое сокровище в спичечный коробок.

— А что, могло быть хуже?

— А как же! Теперь тебе не нужно ехать в Швейцарию!

Тяжелая рука

В картине «Гнезда» Крючков играл человека, который оставил семью и ушел к Нюрке, которая торговала бочковым пивом. Нюрка родила ему двоих ребятишек, но жениться на ней он не собирался. Понял, что ошибся, и хотел вернуться в семью. Нюрку играла Клара Лучко. В своей книге «Виновата ли я?» актриса вспоминает сцену из фильма, которая никак ей не удавалась. Пьяненькая Нюрка поздно вечером возвращается из ресторана домой. Чтобы не разбудить мужика, она снимает туфли и тихонечко пробирается в спальню. А он не спит, сидит злой, заросший щетиной и спрашивает:

— Где ты была?

— Какая тебе разница, где я была? Была и была...

Тогда мужик взрывается:

— Вон дети некормленые, а ты где-то шляешься!

— А чего ты распетушился? Может, это дети не твои...

Глаза Крючкова наливаются кровью.

— Как?!

И заносит огромный кулак, чтобы ударить Нюрку. Но какая продавщица пивом будет ждать, когда ее ударят? Нюрка-Лучко должна была развернуться и со всей силы врезать ему.

И вот наступает этот момент, а у Лучко рука не поднимается, чтобы ударить Крючкова. Съемка останавливается. Репетируют еще. Ну никак не получается!

— Николай Афанасьевич, — говорит Лучко, — извините, но не могу я вас ударить!

— Как это не можешь? Это же не ты бьешь, а Нюрка. Попробуй еще.

— Нет, все равно не смогу...

— Если ты и в этот раз меня не ударишь, — теряет терпение Николай Афанасьевич, — то я тебе так врежу!..

И с такой злостью и ненавистью занес над бедной Кларой кулак, что она непроизвольно развернулась и хорошенько влепила ему!

— Ну молодец! — рассмеялся Крючков, потирая щеку. — Но, честно говоря, совсем не ожидал, что у тебя такая тяжелая рука.

Обошлось без травм, зато сцена получилась великолепная.

«Цыгане шумною толпой...»

Это было в Сухуми. Два артиста, Николай Крючков и Лев Поляков, приехали накануне поздно и на другой день после завтрака решили ознакомиться с городом. Они вышли из гостиницы и сразу же попали в водоворот разноязычной толпы. Набережная в Сухуми — это местный Бродвей. Жизнь здесь кипит круглосуточно. Абхазы, дагестанцы, русские, молдаване, украинцы о чем-то договариваются, обнимаются, целуются — и все довольны.

И тут актеры услышали истошный женский крик. Как истинный рыцарь Николай Афанасьевич бросился на помощь. Оказалось, у лоточницы цыганка вырвала из рук деньги и убежала. Уже недалеко — в нескольких шагах от места проис-

шествия — она смешалась с группой своих сопле-
менниц, но лоточница сразу узнала ее.

— Вон она!

— Пойдем! — коротко приказал Крючков.

Они подошли к цыганкам. Николай Афанасьевич остановился, поманил воровку пальцем и,
когда она подошла, вытянул руку ладонью вверх.

— Сейчас ты, — сказал, — положишь на эту
ладонь деньги, которые взяла у этой женщины.
И быстро.

И только теперь Крючкова узнали по голосу.

— Чавэлы, это же Крючков!

— Коля Крючков!

— Долго мне еще ждать? — не опуская руки,
спросил Николай Афанасьевич.

И тут все цыганки разом загалдели и наброси-
лись на свою подружку с руганью. Той ничего не
оставалось, как положить на протянутую ладонь
деньги.

— Больше такого не делай, — по-отечески
укорил ее Крючков, отдал деньги лоточнице и собрался уходить, но цыганки окружили его коль-
цом и не хотели отпускать.

— Николай, ты прости ее — она еще молодая,
глупая. Ну что ты хочешь, только скажи — все
для тебя сделаем.

— Ну если так, тогда спойте что-нибудь, —
попросил Николай Афанасьевич.

— Чавэлы, «Величальную»!

Откуда-то появился поднос с рюмкой, зазве-
нела гитара, и грянул хор:

> К нам приехал наш любимый
> Никола-аша да-арагой!

Ну и как положено:

Пей до дна, пей до дна, пей до дна!

Пришлось Николаю Афанасьевичу уважить таборное племя. Проходя мимо лоточницы, спросил:

— Тебе цыганка все отдала?

Лоточница смутилась.

— Даже больше — по-моему, она и свои отдала.

— Лучше возврати, — наказал Николай Афанасьевич и с чувством исполненного долга зашагал с приятелем дальше: знакомиться с городом.

Волки и овцы

После того как Крючков сыграл в фильме «Горожане» роль таксиста Бати, для всех таксистов страны он стал своим, родным человеком. Они делились с ним самым сокровенным, доверяя ему свои сердечные тайны. И никогда не брали с него плату за проезд, чем ставили его в неловкое положение.

Как-то Николай Афанасьевич остановил машину с шашечками, за рулем которой сидел молодой симпатичный водитель. Конечно же, он сразу узнал артиста и, посадив его рядом с собой, улыбнулся.

— Куда поедем, Батя?

— Недалеко.

Крючков назвал адрес. Поехали.

— Это хорошо, что я вас встретил, — после длительного молчания начал водитель и представился: — Володькой меня зовут.

— Ну и что, Володя, есть проблемы? — спросил Крючков.

— Есть одна... Не знаю, как и сказать.

— С начальством, что ли, конфликт?

— С начальством лады. С невестой закавыка.

— А что такое?

— Регистрироваться не хочет! — Володька от досады даже пристукнул ладонью по баранке. — Год уже живем вместе, а в ЗАГС — ни в какую! Давай, говорит, поживем так, узнаем друг друга получше, а там видно будет. А чего видно-то? Будто и так не видать... Прихожу каждый раз со смены и, если ее нет — сразу к столу, ищу записку: мол, так и так, прости, не сошлись характерами, ушла к мамане... Это еще ничего. А то: ушла к Борьке или к Ваньке.

— А что, — поинтересовался Крючков, — есть у нее на примете и Борька с Ванькой?

— Я к примеру, — смутился Володька. — А был бы штамп в паспорте — совсем другое дело.

— И была бы она вроде клейменой овцы? Так, что ли? Вот здесь притормози, — Крючков положил рядом с собой на сиденье пятерку, — я приехал. — И, выходя из машины, обернулся. — Запомни, Володенька: волк и меченых овец крадет... если баран безрогий. — Вздохнул и вышел из машины.

Через несколько дней произошла новая встреча. Как-то Николай Афанасьевич вышел из своего подъезда и его окликнули:

— Батя, куда поедем?

Это был Володька. Он подошел к Крючкову и сунул ему в нагрудный карман пятерку.

— Это вы зря тогда оставили, — сказал. — Если б ребята узнали, что я с вас деньги взял, они б меня отволтузили. А насчет барана безрогого помните? Так теперь я рогатый.

— А-а, дошло? — обрадовался Николай Афанасьевич.

— Не-е, вы меня не так поняли: это она сама мне рога наставила. — Володька помолчал и смущенно пожал плечами. — Только зачем они мне теперь? Она ведь, стерва, все равно ушла... Поехали?

— Поехали, брат, — кивнул Крючков и добавил: — Только ведь и мой совет тебе был безрогий. Не обиделся?

— Об чем речь, Батя! — Володька открыл переднюю дверцу и пригласил: — Прошу.

Если б не шурин Сеня...

В Одессе снимали фильм, в котором должен был участвовать Крючков. Но Николая Афанасьевича задержали в Москве, он приехал только на третьи сутки и сразу же приступил к работе. После съемок на площадку не пришел, а будто вкатился почти круглый толстячок средних лет, в светлой клетчатой тройке, с котелком на голове и золотозубой улыбкой от уха до уха. Не хватало только тросточки для завершения портрета опереточного героя. Он помахал всем пухленькой ладошкой, обнялся с оператором, и Николай Афанасьевич понял, что этот одессит со всеми уже знаком.

Между тем оператор подвел аборигена к Крючкову и представил:

— Знакомьтесь, Николай Афанасьевич, — знаменитый одесский поэт Борис Яковлевич Кац. Местная, так сказать, достопримечательность. Советую воспользоваться его услугами.

— Да что вы все объясняете Николаю Афанасьевичу! — прервал его одессит. — Он без вас знает, кто такой Боря Кац. И у нас наверняка уйма общих знакомых: композитор Сигизмунд Кац — мой дядя, поэт Коля Доризо — мой лучший друг, дядя Миша Зощенко качал меня на своей ноге, когда я был еще маленький...

— А дядя Саша Пушкин? — серьезно спросил Крючков. — Он ведь тоже был здесь у вас.

— О! — обрадовался поэт. — Хорошо, что напомнили! Александру Сергеевичу мой предок пошил отличный сюртук, который потом испоганил великосветский шкода сволочь Дантес. Потом этот сюртук Пушкин завещал Далю, который назвал его «выползиной» — это когда змея меняет кожу. Ну об этом вы уже знаете без меня... — Во время монолога Кац неотрывно смотрел Крючкову в рот и, наконец, не выдержав, спросил: — Николай Афанасьевич, а кто вам сочинил такой шикарный протез?

Крючков изобразил голливудскую улыбку и провел по зубам ногтем.

— Это сочинил мне тоже Кац, только московский.

— Я так и знал! — хлопнул в ладошки поэт. — Это мой шурин Сеня. Вы только открыли рот, таки я сразу понял — это Сеня! Ну кто еще мог сочинить такой шикарный протез! И нигде не жмет, верно?

— Нигде, — подтвердил Крючков, — ни в плечах, ни под мышками. В самую пору.

Кац оценил шутку и рассмеялся.

— Дорогой вы наш Николай Афанасьевич, — сказал он, — я хочу познакомить вас с нашим легендарным городом. Уверяю вас, вы в него впишетесь как свой. Вот так, в гриме, и пойдем, чтобы вас не узнали: две знаменитости сразу — это даже для Одессы слишком.

Крючков не стал возражать, и они пошли: экстравагантный поэт и артист с приклеенными усами, в морском кителе и в надвинутой на лоб капитанской фуражке с крабом. На Крючкова никто не обращал внимания, зато каждый второй или третий кланялся Кацу, или пожимал ему руку, или похлопывал по плечу. Иногда ограничивались короткими репликами.

— Ну и как? — спрашивал Кац.

— Вы гений, Борис Яковлевич!

— Что-то не так?

— Ну что вы — сплошная поэзия!

Николай Афанасьевич очень любил поэзию и знал современных поэтов, но, как ни вспоминал, фамилию Кац среди них так и не вспомнил. А между тем Кац сиял от удовольствия.

— Ах, эта слава! — ворковал он. — Она бежит впереди нас. Конечно, приятно, но утомляет. А вас?

— Слава изменчива, — пожал плечами Николай Афанасьевич, сбросил китель и снял фуражку. — Что-то жарко стало.

— Душновато, — вздохнул Борис Яковлевич, снял с головы котелок и не мог не заметить, что улыбаются и кивают уже не ему, а его спутнику. Кац обернулся и увидел, что с лица Крючкова исчезли усы, и артист сразу стал узнаваем. — Ах, неблагодарные людишки! — воскликнул он с притворным негодованием. — Теперь я им покажу свои зубы! — И оскалил золотозубый рот.

— А что это, поэт, вы все толкуете про зубы? — не понял Крючков.

— Ну вот, и вы тоже! — улыбнулся Кац. — Когда я вижу что-то хорошо сделанное, я всегда говорю: «Сплошная поэзия!» Вот меня и прозвали Поэтом. Но я тоже не абы как: я лучший стоматолог всех времен и народов! Без меня половина одесситов до сих пор жевала бы только манную кашу. Вот неблагодарные людишки!.. Не спорю, артист — это тоже хорошо, но, скажите честно, кто бы вас выпустил на экран, если б не мой шурин Сеня? А-а, то-то и оно!

Они засмеялись, ударили по рукам и перешли на «ты».

Эту историю рассказал мне давным-давно прекрасный поэт Николай Доризо, который действительно был другом Каца, лучшего стоматолога всех времен и народов.

Зеркалка

Крючков отличался необычайной аккуратностью, точностью. По нему можно было сверять часы. Артист Борис Токарев вспоминал:

— Вот выезжаем мы на гастроли. Бежим на вокзал, задыхаемся, последние минуты до отхода поезда, наконец вбегаем в вагон и в изнеможении падаем на лавку. Слава богу, успели. А Афанасьич сидит уже в купе за столиком в пижаме, в домашних тапочках, и все у него уже культурно порезано и разложено — готов к чаепитию. Думаю, как только подают состав, он садится одним из первых, если не первый.

Фильм «Морской характер» снимали на Черном море. К гостинице подъезжал автобус и отвозил съемочную группу к пирсу. Как всегда, Крючков и здесь был первым. Пока все еще одевались и причесывались, он уже сидел у гостиницы на лавочке и кормил хлебными крошками голубей.

На этот раз, увидев выходящего из дверей Бориса Токарева с женой Людочкой, тоже актрисой, занятой в этом фильме, он как-то резво вскочил, выпрямился, как на параде, и торжественно, будто хотел сообщить что-то важное, произнес:

— Дети мои! Боба, Люда, я сделал сегодня великое открытие!

— Что такое?

— Я сегодня увидел наконец свои ноги!

— Как это? — не поняли супруги.

— Раньше я их видел только при помощи зеркала. Зеркалка была. А теперь смотрите: я вижу их без всякой оптики — наяву! Это же совсем другое дело — увидеть собственные ноги без зеркалки! А-а, да что вы в этом понимаете…

Николай Афанасьевич сидел тогда на лечебной диете и похудел почти на двадцать килограммов.

Юбилей с оленем

В Центральном Доме работников искусств, ЦДРИ, чествовали поэта-юбиляра Николая Доризо. Крючков любил не только его стихи, но и самого автора за веселый нрав, искренность, компанейство и пообещал прийти поздравить. Выступили уже почти все записавшиеся, а Николая Афанасьевича все не было. Наконец дверь распахнулась, и Крючков с недовольным выражением на лице быстро прошел между рядами прямо к сцене. В руке он держал букет розовых гвоздик. Его встретили, как всегда, аплодисментами, и председательствующий, поэт Сергей Васильев, жестом пригласил артиста сразу к трибуне.

— Скажи несколько слов, Николай Афанасьевич.

— А чего ж не сказать... Скажу.

Крючков поднялся на сцену, подошел к Доризо, который вышел из-за стола, вручил ему букет, и они расцеловались. Потом встал за трибуну, оглядел внимательно зал и развел руками.

— До чего мы дожили, дорогие товарищи! Подвез меня сейчас приятель до ЦДРИ, и пока мы ходили за цветами, какая-то сволочь отломила с радиатора оленя. Что ж это творится? На кой черт этому стервецу сломанный олень? Он что, на грудь его себе повесит? На цепочку? Как хотите, а если б я поймал этого негодяя, я б сам ему руки обломал!..

— А что Доризо? — услышал он из президиума фамилию.

И продолжал:

— Сволочь! Ну зачем ему этот олень? Руки чешутся? Так надо дать ему в руки тачку, и пусть он возит на стройке кирпичи, цемент или раствор — не знаю... Олень-то при чем?

— Николай Афанасьевич, — приподнялся над столом Васильев, — вы о Доризо расскажите.

— А что Доризо? — запнулся Крючков. — О Доризо я как раз ничего плохого сказать не могу… Спасибо за внимание.

И под оглушительные аплодисменты он неторопливо сошел в зал.

То же самое определение употребил Борис Токарев, когда рассказывал мне о выступлениях Крючкова:

— Я много раз видел его оглушительный успех у публики. Он выходил на сцену с гармошкой, пел «Три танкиста», и все вскакивали и орали как безумные.

Что это, тоска по безвозвратно ушедшему прошлому? Не знаю. Но вот уже шесть лет спустя после кончины Николая Афанасьевича на презентации памятного альбома, посвященного Крючкову, в Техническом университете Москвы пишущий эти строки сам был свидетелем тому, что произошло в зале, когда на экране появился Артист с гармошкой и запел. Публика была самая разношерстная: пенсионеры занимали одну половину зала, студенты — другую.

Я думал, студенты, среди которых я сидел, обрушатся на мою голову — а они вскочили с мест и своим молодецким ором намертво заглушили немощные восторженные вопли стариков и старушек. И опять не обойдусь без этого определения: оглушительная овация. А ведь, казалось бы, что этим двадцатилетним парням и девчонкам до дел минувших дней?

Они пришли «на Крючкова»!

Сыграл в ящик

Известно, что когда великий скрипач и композитор Никколо Паганини скончался, католичес-
кая церковь отказала ему в погребении, считая
его при жизни орудием в руках дьявола. Близкие
и друзья артиста возили гроб с его телом из города в город, и везде церковные иерархи отказыва-
ли ему в месте последнего успокоения.

Когда сценаристу Олегу Стукалову-Погоди-
ну, сыну нашего известного драматурга Николая
Погодина («Человек с ружьем», «Кремлевские
куранты» и т.д.), заказали сценарий многосерий-
ного телевизионного фильма о Паганини, он придумал, как посчитал, сильный драматургический
ход. В каждом порту, куда прибывали со скорб-
ным грузом друзья артиста, таможенники требо-
вали открыть крышку гроба, чтобы убедиться,
что нет контрабанды. И при каждом очередном
вскрытии оператор должен был показывать круп-
ным планом, как раз от разу изменяется выражение лица покойного: то спокойное, то гневное, то
усталое, то с саркастической улыбкой. Автор
хотел показать, что и после смерти музыкант не
мог освободиться от обуревавших его при жизни
страстей. Осталось лишь найти актера, похожего
на Паганини и способного выразить с закрытыми
глазами всю эту, как говаривал Аркадий Райкин,
«гамму чувств».

И тут Олег встречает на каком-то вечере
Крючкова, с которым через отца был знаком с
детства, объясняет ему суть дела и спрашивает,
нет ли у него на примете актера, который сыграл

бы Паганини в гробу. Николай Афанасьевич оживился.

— Конечно, есть, старик! Ты что! У меня на примете есть такой экземпляр, что ты ахнешь! Толя Рогов. Не слышал?

Олег о Толе Рогове не слышал.

— Копия Паганини, и гримировать не надо, старик! — продолжал Крючков. — Клади его в ящик — и все! Понимаешь, старик, он как напьется, стучит себя в грудь и плачет: дайте, говорит, мне амплуа, и я переверну весь мир! Это амплуа как раз для него — он все равно бездельничает, так пусть уж лучше лежит себе в гробу и строит рожи. Все при деле!

Олег нашел этого Толю, дал ему почитать сценарий (хотя к чему бы ему это?), и артист загорелся. Долговязый, нескладный, с длинными до плеч волосами, он действительно был похож на своего героя, каким его изображали на рисунках современники. Но нужно-то было только лицо. И оно не подкачало.

— А знаете, — вытаращил он на Олега огромные глаза, которые опять же в фильме были совсем ни к чему, — ведь, кажется, в мировом кино ни у кого еще не было такого амплуа... Ну, мелькают там в дюдиках всякие трупные морды-маски... Но ведь это совсем другое: сыграть покойного, который продолжает жить страстями человеческими! Вы гений, Олег Николаевич! Такое придумать...

Толю пригласили в «Мосфильм» на кинопробы. Его положили на стол, и он притворился мертвым.

В это время в павильон вошел Крючков, который снимался по соседству, и, прижимая палец к губам, тихо отошел в сторону. Увидев на двери название фильма, он решил, видно, поддержать своего протеже.

— Умирая, — объяснял между тем режиссер Толе-Никколо, — ваш герой вспомнил свою «Пляску ведьм»... Вы слышали «Пляску ведьм» Паганини?

Коля вообще ничего не слышал из Паганини, но признаться в этом не мог сейчас даже под дулом пистолета.

— Естественно, — прохрипел он, почти не разжимая губ, — уже входил в образ.

— Вот эта мелодия, — продолжал режиссер, — и запечатлелась на лице вашего героя в последнюю секунду его жизни. Поняли? Поехали.

Судя по названию, решил Толя, это должна быть некая какофония — хаос сумбурных, резких, скрипящих звуков. Он сосредоточился, вообразил себе танцующих ведьм на Лысой горе, набрал полную грудь воздуха, притих и скорчил такую страшную рожу, что режиссер отпрянул. А Толя, подумав немного, вдруг еще ощерился и страшно задвигал бровями.

— Стоп, стой! — в отчаянии закричал режиссер. — Вы же покойник! Что вы мне строите рожи да еще шевелите бровями!

— Виноват, — открыл один глаз Толя. — Не вошел еще в роль.

То, что Толя никогда в жизни не слышал «Пляску ведьм», режиссер понял сразу по выражению его лица и решил сменить пластинку.

— В вашей затухающей памяти, — стал он

терпеливо объяснять Толе новый этюд, — звучат звуки «Кампанеллы»... С этой мелодией великий скрипач и отходит в мир иной... Поехали.

В этот раз он даже не спросил Толю, слушал ли он «Кампанеллу», потому что был уверен — уж эту вещь хоть единожды, но должен был слышать каждый образованный человек (он почему-то принял Толю именно за такового). А Толя вспомнил школьную программу: Томмазо Кампанелла — философ, создатель утопического коммунизма! Все сразу же встало на свои места — стало быть, Паганини посвятил свою «Кампанеллу» памяти этого сурового монаха-философа. Толя сурово сдвинул брови, выпятил, насколько возможно, нижнюю челюсть и застыл, думая про себя о коммунизме.

— Довольно, — вздохнул режиссер. — Спасибо, вы свободны... Олег, думаю, сценарий придется переделать.

— Да ведь этот гроб перетаскивают из серии в серию! — напомнил Олег. — Если это выбросить, рухнет вся композиция!

Режиссер еще раз вздохнул и бросил взгляд на Крючкова. И тут Николаю Афанасьевичу стало жалко своего незадачливого протеже, и он сказал:

— Извините, если вмешиваюсь в ваш творческий процесс, но, думаю, тут Олежке и менять ничего не надо: пусть таскают этот гроб, только крышку не снимают.

— А что же тогда делать мне? — растерялся Толя.

— Ничего. Будешь лежать в этом ящике и слушать свою «Кампанеллу» — по системе Станиславского. — Николай Афанасьевич строго посмотрел на своего подопечного и назидательно произнес: — Верность правде жизни, старик, прежде всего. Я верю, ты сыграешь, не подведешь меня.

Потом фильм показали по телевидению. И товарищи Толи Рогова, зная, что он проходил пробу на главного героя, удивленно спрашивали:

— Толя, а кого же ты тут сыграл?

И Толя с горечью, к которой, однако, примешивалось и чувство гордости, отвечал:

— Я здесь по просьбе своего друга Коли Крючкова сыграл в ящик.

И наступала благоговейно-мистическая тишина.

Случай на Невском

В своей книге, о которой уже упоминалось, Клара Лучко рассказала о поразительном случае, который, пожалуй, трудно объяснить простым совпадением обстоятельств. Впрочем, читателю самому предоставляется возможность судить о происшедшем.

Итак, слово Кларе Степановне.

— Не забуду нашу встречу с Крючковым, — рассказывает она, — в Ленинграде. Я снималась на «Ленфильме». Выхожу я после съемок на Кировский проспект, машины нет, а хочется побыстрее добраться до гостиницы. Вдруг из ворот студии выезжает машина, а в ней Николай Афанасьевич. Он открыл дверцу.

— Клара, ты в гостиницу? Садись, подвезем.

Выруливаем на Дворцовый мост, потом на Невский проспект, и тут я вспоминаю, что у меня нет губной помады. А на Невском, у Литейного, — парфюмерный магазин.

— Остановите машину, пожалуйста, — говорю. — Я куплю помаду.

Быстро открываю дверцу и бегу через дорогу. Купила помаду и, чтобы не задерживать Николая Афанасьевича, бегу обратно.

И вдруг вижу: он стоит у машины совершенно белый, с перекошенным лицом и что-то кричит. Я ничего не могу разобрать.

Останавливаюсь так же резко, как и бежала. А в это время мчалась машина. Шофер не ожидал, что я остановлюсь, и резко затормозил. Я рванула в сторону и побежала к нашей машине.

И тут Николай Афанасьевич стал кричать на меня! Я не могла понять, в чем дело.

Оказывается, у него была когда-то жена, известная спортсменка. Они прожили вместе меньше года. И вот так же он ехал на съемку, она была с ним и упросила остановить машину. Перебежала через дорогу, чтобы купить... губную помаду. На обратном пути машина сбила ее. Она умерла у него на руках.

Когда Крючков увидел, что я бегу через дорогу, что на меня мчится машина, он, видимо, настолько ярко вспомнил гибель жены, что готов был меня убить...

Вот такая история к философским раздумьям.

Это какой же Семен Михалыч?

Был такой известный в свое время писатель Дмитрий Ильич Петров-Бирюк, автор трилогии «Сказание о казаках» и многих исторических романов о казаках же. Поэтому он издавна был связан доброй дружбой со старым казаком маршалом Советского Союза Семеном Михайловичем Буденным. А еще у него был друг — тоже Семен Михайлович, но Борзунов — военный писатель и редактор его сочинений.

Когда вышла очередная книга Бирюка, Политуправление Советской Армии решило устроить ее обсуждение среди армейских политработников — сейчас это назвали бы презентацией.

В ЦДСА пригласили обоих Семенов Михайловичей и любимца военных Николая Афанасьевича Крючкова. Посадили их в президиум. Первое слово предоставили, как и положено, автору.

Дмитрий Ильич вышел к трибуне и, волнуясь, начал рассказывать, как он собирал материалы для книги, кто ему в этом помогал и как он благодарен этим людям за неоценимую помощь.

— Особая моя благодарность, — Дмитрий Ильич поклонился в сторону президиума, — Семену Михайловичу за исключительно ценные замечания при работе над книгой, за сообщение малоизвестных фактов, которые...

— Семен Михалыч — это Борзунов? — раздался вдруг голос Крючкова из президиума.

Бирюк смутился и недовольно пробормотал:

— Ну при чем тут Борзунов? Я говорю о Буденном... — И замолчал. До него дошло, что, кажется, он очень пренебрежительно высказался в адрес своего редактора. Он решил исправить оплошность.

— Конечно, — продолжал он, — Семен Михайлович проделал со мной большую работу, и я у него в неоплатном долгу. Если бы не его помощь...

— Это Буденного? — снова вопрос Николая Афанасьевича.

— Ну при чем тут Буденный? Я говорю о Борзунове!

И опять наступила пауза. Бирюк сообразил, что слишком непозволительно резко и неуважительно отозвался о маршале Советского Союза и надо исправлять положение.

— Конечно, — сказал он, — Семен Михайлович сделал мне немало дельных замечаний... Семен Михайлович...

— Это Борзунов?

Крючков и не думал шутить над старым писателем: ему просто хотелось понять, кого всякий раз тот имеет в виду. А Бирюк окончательно запутался, долго бессмысленно смотрел на Крючкова, потом кивнул и сказал:

— Конечно, Борзунов! И Буденный — тоже... Благодарю за внимание.

Он вышел из-за трибуны и шаркающей походкой пошел на свое место. Но аплодисменты все равно сорвал, и больше всех аплодировал Николай Афанасьевич.

Как бросить курить

Известно, что Крючков был заядлым курильщиком. На редкой фотографии вы увидите его без папиросы или сигареты. А уж на рыбалке у него постоянно что-нибудь дымилось в зубах.

Курил он с десяти лет и время от времени делал тщетную попытку оставить эту дурную привычку. Но ничего из этого не получалось. Наверное, не последнюю роль здесь играл и авторитет американского писателя Марка Твена, которого Николай Афанасьевич очень любил.

Однажды Марка Твена спросили: «Трудно бросить курить?» — «Нет ничего проще! — ответил великий сатирик. — Я сотню раз бросал и, как видите, жив-здоров».

Итак, Николай Афанасьевич решил как-то в очередной раз бросить курить и заручился моральной поддержкой: заключил пари на ящик коньяка с известным драматургом, автором трилогии о Ленине, Николаем Федоровичем Погодиным, с которым был знаком еще с 30-х годов. Погодин тоже никак не мог избавиться от дурной привычки, и пари его устраивало — все-таки пари связывало обязательствами.

Проходит какое-то время, и Крючков встречается со своим спорщиком в летнем кафе на берегу Черного моря. Артист приехал на съемки, а драматург с сыном Олегом — отдыхать.

Кажется, оба забыли о своем пари. Погодин заказывает по рюмочке коньяку «со встречей», они выпивают, и у драматурга вкус коньяка вызывает какие-то смутные воспоминания. А когда Николай Афанасьевич вынул из кармана портсигар, то тоже вдруг вспомнил о пари, но было уже поздно.

— А-а! — радостно воскликнул Погодин. — Попался! Гони ящик коньяка!

— За что? — удивился Крючков,

— Но ты же куришь!

— Вовсе я не курю, — невозмутимо возразил Крючков. — Да у меня и спичек-то нет!

— Но у тебя сигареты! — не сдавался Погодин.

— Чего? Ты считаешь, это сигареты? — Крючков с презрительной ухмылкой открыл портсигар и бросил его на столик. — Это дерьмо, а не сигареты! Да попробуй сам!

Не ожидая подвоха, Погодин взял сигарету, понюхал ее, достал из кармана зажигалку и прикурил.

— В самом деле, — поморщился он. — Какое-то дерьмо.

— Не знаю какое — не пробовал, а вот ты куришь! Готовь ящик коньяка!

Погодин закашлялся, вынул из кармана пачку «Беломора», который курил и Крючков, и протянул ему.

— На, закури мои — и хватит выпендриваться. А то — ящик коньяка!.. Хватит нам и по стопке.

Он заказал еще по рюмке коньяку, они выпили, закурили «Беломор» и стали зачарованно смотреть на море.

— А все-таки жизнь — хорошая штука, Николай Федорович, — сказал артист.

— Прекрасная, Николай Афанасьевич! — подтвердил драматург и подозвал сына: — Олежка, сгоняй, сынок, к ларьку, купи дяде Коле пачку «Беломора», а то он со своими сигаретами здоровье себе погубит.

Через несколько лет Олежка расскажет мне эту историю... А у Николая Афанасьевича достанет все-таки силы воли в восемьдесят лет, за четыре года до кончины, распрощаться с вредной привычкой.

Ловись, рыбка...

Черное море было спокойно, а закат необычайно красив. Крючков долго смотрел куда-то за горизонт, а потом решительно сказал Кириллу Столярову:

— Все, старик, завтра на зорьке идем рыбачить. Ты даже не представляешь, какая будет рыба. Это же по закату видно — уж поверь мне, старому рыбаку. Рыба должна просто переть, старик! Ей же деваться некуда!

Наутро Николай Афанасьевич повел Кирилла к старой полузатонувшей барже. Там был такой закуток — вроде отдельного купе в спальном вагоне.

— Я это местечко давно приметил, старик, — объяснил он. — Тут у рыбы вроде пансионата, а ей же утром завтрак подавать нужно — вот мы ее и покормим. Ты садись здесь, а я пройду дальше: мы окружим этот пансионат, так что ей деваться некуда.

Сели. Закинули удочки. Уже и солнышко начало пригревать, а клева как не было, так и нет. На червя не клюет, на мотыля не клюет, лягушкой брезгует, «мыша» в упор не видит...

А солнышко уже припекает, и надежда на улов рассеивается как утренний туман.

И тут Кирилл видит, как Николай Афанасьевич вдруг решительно встает и сматывает леску.

— Старик, — подходит он к Кириллу, — у тебя мелочь есть?

— Серебром или медью? — не понял Кирилл замысел старшего товарища.

— Давай что есть, — протянул ладонь Крючков.

— Кирилл высыпал в эту ладонь всю мелочь, что нашел в кармане. Тогда Николай Афанасьевич зажал ее в кулаке, размахнулся и швырнул далеко в море.

— Если эта сволочь не хочет жрать, что ей дают, — пояснил он, — пусть сама покупает себе все, что хочет. Много чести, чтобы два артиста за ней еще на цыпочках ходили. Глупая рыба! Пошли, старик! Много чести...

И видно было, что он не на шутку обиделся на эту «глупую рыбу».

Дипломаты

Однажды Крючкова пригласили выступить перед дипломатами в Министерстве иностранных дел.

Вечер, как всегда, прошел великолепно — аплодисменты, цветы, презенты... И хотя от МИДа до дома Николая Афанасьевича было совсем рядом, он не мог бы унести то обилие букетов, которые ему преподнесли.

Подогнали посольскую машину. Два дипломата с цветами сели сзади, а артиста посадили рядом с шофером, чтобы показывать ему дорогу в хитросплетениях арбатских переулков.

Поехали. И между дипломатами сразу же завязался светский разговор.

— Представляете, — начал один, — вчера в английском посольстве случился невероятный казус: к рыбе подали ножи!

— Это просто невероятно! — ужаснулся другой. — Но то, что недавно произошло во французском посольстве, вызвало у гостей форменное замешательство, все были шокированы: там к вину подали бокалы для шампанского! Вы можете вообразить это себе?

— Ужасно! — согласился его коллега.

Николай Афанасьевич не выдержал и обернулся.

— Конечно, все это ужасно, — подтвердил он. — Но прошу вас никому не рассказывать, что с вами случилось сегодня.

Дипломаты недоуменно переглянулись.

— А что, собственно, с нами случилось?

— Народный артист, лауреат Государственной премии и прочая, и прочая, — сокрушенно покачал головой Николай Афанасьевич, — сидел к вам задницей… — Он слегка дотронулся до руки шофера. — И вы, пожалуйста, никому не рассказывайте. Лады? Ну вот мы и приехали. Спасибо, что проводили.

Счастье

В фильме «День счастья» Крючков сыграл роль портного, который копил деньги, чтобы устроить счастье своей дочери. Николай Афанасьевич часто вспоминал в своих рассказах, когда речь заходила о сложности персонажа, образ которого должен раскрыть актер. И часто рассказывал при этом притчу тоже о портном, испытавшем однажды прелести счастливой жизни. Только у этого портного не было дочери, ради которой можно было бы копить деньги. Но цель у него все же была.

Этот бедный портной сутками, не разгибаясь, вкалывал в своей убогой мастерской, чтобы только свести концы с концами, а в конце недели наскребал доллар, чтобы купить лотерейный билет на счастье. Но за полтора десятилетия счастье ему так и не привалило.

И вот как-то под вечер, когда он уже собирался закрыть свою мастерскую, у двери остановился шикарный лимузин, из него вышли два джентльмена и поздравили его с выигрышем в пять миллионов долларов. Портной возблагодарил бога, запер свою мастерскую, а ключи забросил в бузину.

Он снял себе номер в лучшем отеле города, приобрел костюмы от лучших мастеров Европы и Америки, взял на содержание несколько фотомоделей, ведущую с телевидения и стал привыкать к великосветской жизни. Чтобы войти в круг бизнесменов, купил акционерное общество, кусок железной дороги и ранчо. Он пил, играл на скачках и в казино, подхватил три неприличные болезни, и у него провалился нос.

Через год он спустил все пять миллионов и еще остался должен налоговой службе. Больной, несчастный, он вернулся в свою убогую мастерскую и быстро отвык от великосветских привычек. Но осталась привычка каждую неделю покупать лотерейные билеты. Зачем? Он и сам не знал. Он не знал теорию вероятностей, но своим умом дошел, что такая удача, которая однажды выпала ему, больше повториться не может.

И что же? Через два года к двери его мастерской подъезжает тот же лимузин и те же два джентльмена поздравляют его с первым призом в пять миллионов долларов. И тогда измученный болезнями портной с трудом встал из-за машинки и зарыдал.

— Господи! — взмолился он. — Ну почему опять именно мне выпало снова пройти через все это?!

...Николай Афанасьевич объяснил, чем привлек его образ экранного портного. А что же он нашел в портном из притчи? Здесь ведь нет ни драматургии, ни характера — слепой случай. Когда мы читаем в сказке: «Откуда ни возьмись — волк!» — нас совсем не интересует, откуда он все-таки взялся. Ведь ясно сказано: «Откуда ни возьмись», и нам этого объяснения вполне достаточно. Такова уж природа устного народного творчества. В художественной литературе каждое действие, каждый поступок, реплика, жест должны быть логически оправданными, иначе тебе не поверят ни читатель, ни зритель.

Что же заставило портного снова покупать лотерейные билеты и искушать свою судьбу? И что здесь могло заинтересовать Крючкова, время от времени возвращавшегося к этой притче? Не знаю. И никто этого уже не узнает.

И все же позволю себе высказать предположение, что Николая Афанасьевича, крепко стоящего на земле реалиста, не могла не привлечь тема искушения человека иллюзорным счастьем. Сам Крючков никогда такому искусу не поддавался, и не исключено, что он хотел понять природу людей, надеющихся не на себя, а на слепой случай.

Впрочем, он мог помнить и известный афоризм мудреца: «Чтобы разрушить мечту, надо дать ей осуществиться». Да, собственно, все это, как говорят в таких случаях, из одной оперы.

«Как только въедешь в Японию...»

Известно, что Николай Афанасьевич всем сценариям предпочитал тот, действие в котором происходило на воде: на море, реке, озере, у пруда или лужи, в конце концов, чтобы было куда закинуть крючок с наживкой. Лишнее тому подтверждение — свидетельство кинорежиссера и артиста Евгения Матвеева.

— Однажды, — вспоминает он, — я попросил его сняться в фильме «Особо важное задание» о самолетостроителях в годы Великой Отечественной войны. Это было в 1980 году.

— Ну что ж, — ответил мне дядя Коля, — присылай сценарий, разберемся.

Я послал ему сценарий, а на следующий день Крючков звонит мне и говорит:

— Женечка, сынок, какой сценарий! Какая роль, сынок! Разве я могу отказаться от такой роли?!

Потом выяснилось, что сценарий он не читал и в роль совершенно не вник. Он просто открыл первую страницу и прочел: «Объект — берег реки». Этого ему оказалось достаточно.

Когда я собирался лететь в Японию, дядя Коля сказал:

— Ты, как только въедешь в Японию, слева

увидишь магазинчик — в нем продают всякие рыбацкие прибамбасы. Ты, пожалуйста, привези мне хорошую лесочку.

Ну как я мог отказать? Я привез целую коробку лесок, но, пока дядя Коля был на съемке, полкоробки разобрали. Приезжает Крючков из Одессы, я ему и говорю:

— Дядя Коля, я, как ты просил, привез тебе леску.

— Женечка, сынок, спасибо! Я знал, что наше правительство самое умное — дураков в Японию не посылает.

Но когда он увидел, что там осталось, то передумал.

— Господи! — сказал он. — Даже такое умное правительство ошибается — посылает в Японию идиотов, которые привозят то, что и так годами лежит на Неглинной.

Несостоявшийся обмен

Кроме рыбалки, у Крючкова было еще одно увлечение: он коллекционировал наручные часы. Собственно, «коллекционировал» не совсем то слово: он их часто менял и дарил. Стоило кому-то сказать: «Какие у вас хорошие часы», — как он тут же снимал их с руки и отдавал.

— Любимым хобби для него было, — рассказывает Лидия Николаевна Крючкова, — дарить мне часы. Я обеспечила часами всех своих родственников и подруг. Свои тоже менял без конца. А однажды купил золотые часы с браслетом и...

тоже кому-то подарил. Самые ценные подарки он всегда делал просто так, без всякого повода.

Пишущему эти строки лишь единственный раз довелось встретиться с Крючковым в 1950 году, и это было связано тоже с часами.

Я работал тогда топографом в саратовской геодезической партии, и профессия позволяла мне, двадцатилетнему парню, иногда обедать и ужинать в ресторанах. На этот раз мы зашли с приятелем в ресторан гостиницы «Астория» (ныне «Волга») центральной городской гостиницы. Зал был полупуст, и мое внимание привлек мужчина за соседним столиком. Он сидел ко мне спиной вполоборота, подперев голову мощным кулаком, и на его широкой кисти я увидел огромные часы, забранные металлической решеткой. Вот эти-то часы прежде всего и заинтересовали меня, а уж потом я стал рассматривать их владельца, и он показался мне очень знакомым.

«Ба! — вдруг дошло до меня. — Да ведь это Крючков!»

— Если бы к нам приехал Крючков, — резонно заметил мой товарищ, — на каждой тумбе висели бы афиши. Что ни говори, а парень-то он все-таки из нашего города.

Тогда все саратовцы были убеждены, что киногерой Крючкова Сергей Луконин именно у них «гонял по крышам голубей». Потом уж я узнал, что почти все приволжские города оспаривали эту честь.

И тут я перевел взгляд на товарища владельца часов, который сидел ко мне лицом, и ахнул: да ведь это Борис Андреев — настоящий парень из нашего города, саратовец! С кем же еще он мог сидеть, как не с Крючковым!

И я решился, тем более что по рюмке было уже выпито и наглости прибавилось. Поднялся и решительно направился к столику великих актеров, благо они уже отобедали и лениво потягивали кофе.

Я вежливо им поклонился, поблагодарил за приезд и выразил удивление, что городу о таких именитых гостях ничего не известно.

— А я не гость, — пробасил Андреев. — Я домой приехал.

— Завтра будет известно, — добавил Крючков. — Мы на сутки раньше приехали.

И тогда я объяснил Крючкову, что держу пари с товарищем: «Я утверждаю, что у вас на руке часы фирмы «Павел Буре», а он говорит, что это Первый часовой завод».

— Считай, брат, что ты выиграл, — Крючков повернулся к моему товарищу, помахал ему из стороны в сторону пальцем и отрицательно покачал головой. — Он ничего не понимает в часах. А ты откуда такой умный?

И тогда я вынул из кармана жилетки массивный брегет с боем на цепочке в палец толщиной и показал ему. Он положил его на ладонь и взвесил.

— Ого! Это не брегет, а кистень! — И спросил: — Махнуться хочешь? Тогда только с жилеткой — не в штанах же мне твой будильник носить.

Я оценил шутку и, решив подыграть ему, вздохнул.

— С жилеткой не могу — я иду сейчас в оперный театр.

Крючков удивленно повернулся к Андрееву.

— Смотри-ка, Борис Федорыч, у вас тут, оказывается, в оперный без жилеток не пускают?

— Без штанов не пускают, — буркнул Андреев и отвернулся.

— Ну без штанов-то, кажется, и у нас в Большой не пускают. Так что извини, брат, — Крючков развел руками, — а часы на трусы менять не могу — запасных не взял.

Он весело расхохотался и поманил к себе официанта. А ведь мог бы состояться исторический обмен. Не состоялся...

Причесанные мысли

В наше время трудно удивить читателя ненормативной лексикой, а проще говоря, — матом, щедро рассыпанным по страницам произведений некоторых ужас как новаторских авторов. Если Солженицын в «Одном дне Ивана Денисовича» еще скромно менял в рискованном слове букву «х» на «ф», то его более решительные последователи не стали стеснять себя такими мелкими условностями и пустились во все тяжкие — вылили на головы читателей потоки такого зловонного сквернословия, от которого поежились бы иные портовые грузчики.

Одно дело — использовать крутые выражения в узком кругу друзей и совсем другое — видеть их напечатанными. Ведь еще совсем недавно существовало выражение «непечатное слово». Реалисты-авангардисты решили это выражение упразднить. Видимо, за скудостью собственных литературных выразительных средств: в дороге и веревочка пригодится, как говаривал слуга Хлестакова.

Граф Лев Толстой, по свидетельству босяка Горького, очень смущал его в беседе крепкими выражениями. И Алексей Максимович посчитал, что великий писатель земли русской решил говорить с ним на понятном босяку языке. Но потом понял, что граф вовсе не хотел его обидеть. Просто наедине с собратом по перу он позволял себе не слишком заботиться о выражениях, в которых в неприглаженном виде хотел донести до слушателя свою мысль. В письменной, тем более печатной речи он себе этого не позволял.

Журналист Александр Минкин в одной из своих статей в «Новой газете» популярно объяснил читателям, в чем заключается работа профессионального литератора, который делает литзапись популярной личности — будь то скандальный депутат Госдумы, эстрадный фанерный хрипач или примелькавшийся экранный лицедей.

«Видите ли, — писал он, — говорит человек не гладко, сам себя перебивает, применяет мимику, жесты, непечатные слова, поэтому человек, делающий литзапись, все эти обрывки, меканье и беканье приводит в божеский вид. Я всегда старался вжиться в образ, писать как бы от их лица, чтобы их манеру, их стиль речи сколько-нибудь передать».

И тут же вспомнил, как «знаменитый киноактер Николай Крючков мне о своих концертах под Кустанаем перед покорителями целины ни одного приличного слова не сказал — всё матом: и восторги, и хулу. И ничего — текст как-то слепился...»

Живую речь Крючкова вообще невозможно передать на бумаге. Что уж об этом говорить, если его талантливые друзья-актеры, с которыми он работал последние годы, могут его лишь пародировать, но добиться полной идентичности в интонации, жесте, мимике никому не дано.

Поэтому, повторяю, чтобы представить себе говорящего Крючкова, нужно вспомнить любой его экранный образ и наложить на текст, представленный вниманию читателей.

Коллега

Он сразу же обращал на себя внимание прохожих. На нем была выцветшая от времени, неопределенного цвета «тройка», но голову с седой львиной гривой он держал гордо, а на его полных губах играла легкая снисходительная улыбка. Перед ним прямо на асфальте стояла не жестяная банка, а лежал перевернутый блестящий цилиндр, видимо, из театрального реквизита: он собирал подаяние, а проще говоря — нищенствовал. И что самое странное — ему в цилиндр бросали больше и чаще, чем в банки и кепки убогих стариков и старушек.

Когда Крючков, гуляя по набережной с Николаем Доризо, впервые увидел его у Одесского морского вокзала, то невольно придержал шаг. Нищий слегка поклонился ему, театрально вскинул руку и проскрипел ломким голосом:

— Приветствую вас, коллега, в нашем благословенном городе!

Николай Афанасьевич давно отвык удивляться, что его везде узнают, но почему — «коллега»? Нищий понял его замешательство и представился:

— Гарри Саульский — бывший артист Одесского оперного театра. Баритон — тоже, к сожалению, бывший. Ныне скрипач, то есть, как вы, наверное, изволили заметить, не говорю, а скриплю: голоса лишился.

— А что же театр? — удивился Крючков. — Неужели ничем не может помочь?

— Не хочу унижаться, — гордо вскинул голову Саульский. — Никогда ни о чем не просил и просить не намерен.

— Но сейчас-то вы просите!

— А вы слышали, чтобы я просил? — улыбнулся бывший баритон. — Меня все одесситы знают и помнят, сколько удовольствия я доставил им в свое время. Теперь они возвращают мне долг.

— Я вас, к сожалению, не слышал ни в опере, ни в концертах, — сказал Крючков, запуская руку в карман, — поэтому вроде ничего и не должен. Не обидитесь, если я вложу в ваш фонд червонец?

— Он не обидится. — Доризо тоже полез в карман.

— Какие могут быть обиды между братьями по искусству! — воскликнул Саульский. — И еще неизвестно, что ждет впереди вас. — И загадочно улыбнулся.

— Нечего сказать, обрадовал, — пробормо-

тал Крючков, когда они отошли от этого странно-
го нищего.

— Когда Гарри потерял голос, — пояснил Доризо, — он немного сдвинулся умом. Сдвинешь-
ся...

И рассказал, что у одинокого Саульского есть
квартира и его постоянно навещают поклонники и
поклонницы, помогают по хозяйству, устраивают
вечера. Он не приглашает к себе только певцов —
они его раздражают.

Пока в Одессе у Крючкова шли съемки, он
еще несколько раз навещал «коллегу», бросал
ему в цилиндр червонцы, а потом Гарри вдруг
пропал. А тут Николаю Афанасьевичу нужно
было перебираться в Сухуми, и он решил совмес-
тить приятное с полезным: сел на теплоход «Аб-
хазия». И вот на его борту у него и состоялась
последняя встреча с Саульским.

Николай Афанасьевич зашел в ресторан за сигаретами и сразу же увидел его. Гарри сидел один
за столиком у окна и смотрел на море. На нем
была свежая серая «тройка», а на шее небрежно
повязан белый в горошек шелковый бант. Увидев
Крючкова, он поднялся и помахал ему рукой. Николай Афанасьевич подошел.

— А я уж подумал, не заболели ли вы. А вы,
оказывается, путешествуете.

— Да, коллега, в это время у меня отпуск, —
улыбнулся Саульский. — Я ведь, как каждый
трудящийся человек, тоже устаю, хотя все время
приходится улыбаться. Выпьете, коллега? —
И не дожидаясь ответа, наполнил бокалы «Са-
перави». — Вы, наверное, презираете меня?

— За что?

— За мой образ жизни, — пояснил Саульский. — А мне он доставляет удовольствие. Я испытываю наслаждение, когда вижу, что люди сохранили еще в себе святое чувство — чувство благодарности. Без него человечество превратилось бы в дикую орду. Дающему да воздастся. Иначе жизнь теряет всякий смысл. Осушим бокалы.

Они выпили, и Саульский вдруг, увидев кого-то, быстро поднялся.

— Пардон, ко мне присоединяется дама сердца: я люблю отдыхать по полной программе.

— Рад был встретиться, — поспешил откланяться Крючков, и Саульский не стал его задерживать, чтобы, наверное, не ломать свою программу.

На выходе Николай Афанасьевич обернулся и увидел, как Гарри поцеловал даме ручку и придвинул ей плетеное кресло.

О чем подумал тогда Крючков, о том он Доризо не рассказывал. Может быть, о превратностях судьбы?..

Царевна-лягушка

Вот все гадают: что породило у Крючкова страсть к рыбной ловле? Как свидетельствуют его друзья-товарищи, сам он рыбу не ел — весь улов он отдавал или поварам на кухню, или тем, кто попадался под руку. Так что гастрономический интерес отпадает. Некоторые убеждены, что рыбалка для него была способом отстранения от публики, которая его «достала» и от которой он просто уставал. Иные уверяли, что рыбалка в одиночестве помогала Крючкову сосредоточиться и поразмышлять о прошлом и настоящем, о новой роли, вообще об искусстве — да мало ли еще о чем?

И никто не высказал предположения, что ведь мог Николай Афанасьевич находить удовольствие в познании иного мира, который его интересовал, — живого мира водной стихии. Более того, ведь мог он и часами беседовать на безмолвном рыбьем языке с обитателями этой стихии! А почему бы и нет? Может, кстати, потому он и не ел рыб, что считал их, как говаривал Киплинг, «одной крови».

И ничего мистического здесь нет. На эти размышления навела меня одна история, о которой мне поведала Лидия Николаевна Крючкова.

Тогда они с Николаем Афанасьевичем отдыхали на даче, которая стояла на берегу старого пруда. Однажды в девять часов вечера Лидия Николаевна спустилась к этому пруду, чтобы наловить для кошки бычков. Она сделала первый заброс — ни крючка, ни поводка! Только круги по воде. Она взяла другую удочку и сделала второй заброс — тот же результат. Тогда она соорудила из двух поводков один, благо что захватила с собой запасные крючки, и сделала третий заброс. На этот раз неведомая рыбина мало того что оборвала всю снасть, но еще и сломала две секции отличной японской удочки. И этим как бы давала понять, что поймать ее никому не удастся и вообще — посторонним здесь не место.

Но Лидию Николаевну уже охватил рыбачий азарт, и она решила довести дело до конца. Вернулась домой, попросила у Николая Афанасьевича его тяжелую удочку, на которую можно было поймать сома, и рассказала, что произошло. Николай Афанасьевич долго не мог понять, что же все-таки ловит его жена, а потом занервничал, забеспокоился и сказал:

— Не ходи.

— Но должна же я все-таки поймать это чудовище! — возразила Лидия Николаевна.

— Не ходи, — повторил настойчиво Николай Афанасьевич и, чтобы сгладить резкость тона, добавил: — Ведь все равно она тебя уже не ждет.

Лидия Николаевна кое-как убедила супруга, что это чудовище обязательно ждет ее, потому что оно самоуверенное и упрямое. И попросила мужа смотреть на пруд в окно.

— Это прибавит мне храбрости, — объяснила она.

И вот первый заброс — и он сразу попался: это был огромный ротан, у которого голова в два раза больше туловища. Мощный ротан! Он прыгал на берегу, как циркач, выделывая немыслимые кульбиты.

И Лидия Николаевна стала его успокаивать.

— Да не волнуйся ты, — сказала она ему. — Отпущу я тебя с миром — кому ты нужен, такой страшный? Но я же должна показать тебя Николаю Афанасьевичу. Видишь, вон он в окно смотрит.

И ротан притих. Он мирно лежал в ведре с водой и лениво шевелил плавниками. Поверил рыбачке на слово?..

Дома Николай Афанасьевич искоса посмотрел на ротана и как-то глухо сказал:

— Отпусти его...

И Лидия Николаевна со словами «пожалуйста, больше не попадайся» бросила его в пруд.

На следующий день Лидия Николаевна снова пошла на пруд и на том же месте сделала заброс. И тут к удилищу подплыла изумительной красоты лягушка — нечто изумрудное, пересыпанное сверкающими бриллиантами, и стала прыгать на его кончик.

Лидия Николаевна посмотрела на часы: ровно девять.

А лягушка продолжала прыгать, дергать за удилище, проявляя все признаки беспокойства. Наконец Лидии Николаевне это надоело, и она слегка шлепнула концом удилища по воде. Лягушка отплыла в сторону.

И тут вместо нее появился Он — огромный, древний, в серо-голубой тине. Он высунул из воды мощную голову и стал в упор смотреть на рыбачку странным неподвижным взглядом, словно то ли предупреждая о чем-то, то ли угрожая. И Лидия Николаевна не выдержала этот взгляд. Она смотала удочку и быстро ушла. Но впечатление от увиденного было так сильно, что на следующий день Лидия Николаевна не выдержала и ровно в девять сделала первый заброс на том же самом месте. И все повторилось: она увидела тот же неподвижный взгляд.

«Конечно, — подумала Лидия Николаевна, — лягушка — царевна этого пруда, а Он — ее телохранитель. И она не хочет, чтобы нарушали покой в ее маленьком царстве. Ведь и людям не нравится, когда кто-то вторгается в их жилище».

Она не стала искушать судьбу, свернула удочку и ушла. Дома она рассказала эту историю мужу. Николай Афанасьевич отнесся к ней даже без тени улыбки. Он внимательно выслушал жену и надолго задумался. А потом сказал:

— Понимаешь, мы свой собственный мир, в котором живем, и то не познали до конца. Как же мы можем судить о жителях другой стихии! Слава богу, что ученые хоть дельфинов изучают, а до прочей мелкой живности никому и дела нет... Так, объект промысла. — И, воодушевившись, старый рыбак начал входить в состояние азарта. — Вот смотри, сколько я за свою жизнь рыбы наловил, и ни одной не поймал без мозгов! Ведь зачем-то природа наградила их этим мозгом! Вот если человек произошел от обезьяны, так потом у него за ненадобностью хвост отвалился. Но мозг-то, мозг — он что, у рыб оказался «за ненадобностью»? Но такого просто быть не может! У человека мозг развивался, а у его братьев меньших отсох? Чушь какая-то... — И, помолчав, заключил: — Мир очень интересен и постоянно изменяется. На рыбалке я каждый раз убеждаюсь в этом — каждая зорька прекрасна по-своему. Но, сознаюсь, то, что увидела ты, мне наблюдать еще не приходилось. Очень интересная история!..

Вот теперь и задумаешься, чем привлекала Николая Афанасьевича рыбалка...

Розыгрыш

Уверен, такого понятия нет нигде в мире, кроме России. Чопорная Европа? Деловая Америка? Там и улыбки-то приклеенные, заимствованные у героев и героинь мыльных сериалов. Вряд ли там и понятие имеют о том, что такое розыгрыш. Шутка? Конечно. Но не совсем. Даже вовсе не то.

Вот товарищ приподнялся со стула, а я из-под него в этот момент стул отодвинул. Он сел мимо и грохнулся. Шутка? Конечно. Если товарищ при этом не получил сотрясение мозга. А ведь мог. И это совсем не розыгрыш. Розыгрыш всегда добрый, безобидный, не унижающий человеческого достоинства. От него сотрясение мозга не получишь. А если «потерпевший» обидится, то, поостыв немного, сам же над собой и посмеется.

Крючков был большим мастером розыгрышей.

Однажды его попросил зайти один мосфильмовский начальник. Назначил время. А этого начальника где-то задержал еще больший начальник, и он очень задерживался. Секретарша попросила Николая Афанасьевича подождать Иван Иваныча в его кабинете.

Крючков посидел немного, осмотрелся и увидел на столе под стеклом лист с номерами телефонов начальствующих сотрудников, надеясь встретить знакомую фамилию. Никого. И он решил пройти в курилку. Там дым стоял коромыслом, и несколько человек подтрунивали над своим коллегой.

— Георгий, — сказал один, — ну кто тебе привезет ящик кахетинского? Они уже забыли об этом.

— Послушайте, Кикнадзе, — вклинился другой. — Ну кто вам из Тбилиси будет тащить ящик вина? Себе дороже.

— А вот спорим, что привезут! — горячился

Георгий. — Через неделю, две, но привезут! Как можно? Друзья!

Еще посмеялись, поболтали и разошлись. Крючков вспомнил, что фамилию Кикнадзе видел в телефонном списке на столе у Иван Иваныча. Вернулся в кабинет, проверил — все верно: Кикнадзе Георгий Зурабович! А Иван Иваныча все не было. Крючков сел за его стол и набрал номер телефона.

— Георгий? — спросил он с грузинским акцентом и, получив утвердительный ответ, продолжал: — Я из Тбилиси. Ваши друзья попросили меня передать вам небольшой подарок. Вы можете его получить сейчас же.

— Где вы находитесь? — встрепенулся Георгий.

— Я у Белорусского вокзала. Слева от входа в метро. Знаете, конечно?

— Конечно! Еду! — Георгий бросил трубку.

Крючков посмотрел в окно, где на стоянке служебных машин стояло несколько «Волг», и увидел, как из двери выскочил Кикнадзе, запрыгнул в одну из машин, и она сорвалась с места.

Шло время, а начальника все не было. Вошла секретарша и извинилась, что Иван Иваныч все задерживается, но скоро обещал быть. А Крючкова теперь уже интересовало другое.

Минут через тридцать на стоянку вкатила «Волга», и Георгий быстрым шагом пересек двор. Выждав немного, Крючков набрал номер и удивленно спросил:

— Георгий, почему сидишь, не едешь? Ты не понял меня?

— Все понял! — раздраженно крикнул Георгий. — Но я только что с Белорусского вокзала! Где ты был?

— Почему с Белорусского? Я на Киевском!

— Но ты же сказал — на Белорусском!

— Не мог я так сказать! Что я — ненормальный, да? Гони на Киевский! Знаешь, где башня с часами? Я буду под часами.

— Еду!

И опять Крючков наблюдал из окна ту же сцену: Георгий выбежал, вскочил в «Волгу» и сорвался с места. И еще прошло полчаса. Потом Крючков увидел, как «Волга» въехала на стоянку, и в это время вошла секретарша.

— Извините, Николай Афанасьевич, — смущенно сказала она, — но Иван Иваныч уже не сможет вас сегодня принять. Он просил извиниться и...

— Ничего-ничего, — перебил ее Крючков. — Я понимаю: государственные дела превыше всего. Но что мне было нужно, я уже решил по телефону. А в Иван Иваныче у меня, собственно, и никакой нужды не было. Это я ему был зачем-то нужен. А я, в общем-то, по делу товарища Кикнадзе.

— Его кабинет рядом, — подсказала секретарша.

— Я знаю, но не хочу его беспокоить. Мне говорили, что он, как и Иван Иваныч, чрезвычайно занятой человек. Поэтому передайте ему, пожалуйста, если вам нетрудно, что земляк из Тбилиси ждет его на Казанском вокзале. И прибавьте: пусть поторопится.

Крючков откланялся и оставил секретаршу в полном недоумении.

О моем друге

На страницах этой книги было уже достаточно свидетельств о всенародной любви к Крючкову, на которую он всегда отвечал искренней взаимностью. Не были исключением и его отношения с коллегами — будь то в жизни или на съемочной площадке. Упоминалось о теплой дружбе Николая Афанасьевича с Петром Алейниковым и Борисом Андреевым. За два года до кончины Крючков снова вернулся памятью к своему товарищу Борису Федоровичу и написал очерк «О моем друге».

Думается, будет уместно и справедливо эту главку — «Крючков среди людей» — завершить последней публикацией самого Николая Афанасьевича.

«Борис Андреев... Своеобразный, самобытный актер. Глыба. Человек, не похожий ни на кого. Неповторимый. И играл, и мыслил, и говорил он своеобразно. Колоритно. Ярко. У него было свое, незаемное видение мира. Смею это утверждать не только потому, что мы с ним вместе работали на съемочных площадках, — нас долгие годы связывала крепкая мужская дружба.

Он пришел с Волги, из Саратова, из тех мест, где искони рождались русские богатыри, где сколачивались бурлацкие артели, где обитал лихой и шумный народ — волжские ватажники.

Ему пришлось поработать и грузчиком, и слесарем на заводе, одновременно учась в Саратовском театральном училище.

Молодецкая сила, крупность характера, презрение к суете, веселое добродушие — все это, я думаю, подарила Андрееву Волга и земляки-волжане. Но он не был увальнем-простаком, как, может быть, казалось кому-то на первый взгляд. В нем жила, радовалась и мучилась чуткая и тонкая душа. Вспомните, как неспешно, осторожно двигался Андреев на экране, как говорил, сдерживая свой могучий бас, — словно прислушиваясь к чему-то сокровенному внутри себя, боялся что-то расплескать, стеснялся обнажить. И оказалось теперь — щедро, не жалея, до конца выплеснул эту душу перед своими зрителями. До конца? Конечно, нет. Он многое мог бы еще сыграть и в молодости, и в зрелые годы, но это уже зависело не от него. А то, что он мог сделать, он сделал.

С Борисом Андреевым я познакомился и подружился во время съемок «Трактористов». Это была его первая роль в кино, а сыграл он ее очень уверенно, профессионально, с чувством меры, нигде не пережимая, хорошо взаимодействуя с партнерами. В нем сразу же обнаружился недюжинный актерский талант.

Судьба еще трижды сводила нас на съемочных площадках: в картине «Малахов курган», где он сыграл командира Чапаевской дивизии Жуковского; в фильме «Максимка» — там Андреев был «пропащим» матросом Лучкиным; в «Жестокости» он сыграл Лазаря Баукина — человека трагической судьбы, сильного, мрачного, озлобленного, в чем-то основательного и справедливого, но вот угодившего в банду.

Эти четыре мастерски сыгранные роли — только малая часть из созданного Андреевым на экране.

Зрители хорошо помнят Сашу с Уралмаша из фильма «Два бойца». И, конечно, его героев в картинах «Большая жизнь», «Большая семья». Борис Андреев поистине был создан для больших ролей, для воплощения крупных характеров.

Андреевские персонажи менялись с годами. Молодые герои актера — это парни, которым все нипочем, упрямцы, сорвиголовы, удальцы в гульбе, труде и в ратных делах. Они ясны в своих устремлениях и помыслах, самоочевидны, что ли, — прочитываются сразу и до конца. Те герои, которых Андреев играл позже, начиная с 50-х годов, — душевно сложнее, глубже, умудреннее жизнью. У них часто трудный характер, крутой нрав, порой — трагическая судьба. Но это цельные натуры, широкие, им претит фальшь, трусость, низость. Они упорно размышляют о жизни и самостоятельно судят о ней.

Герои, сыгранные актером в фильмах А. Довженко, воплощают совесть народа в лихую его годину. Того же пафоса и гражданской закалки матрос Чугай и потомственный рабочий Илья Журбин. Им свойственна высокая ответственность за все, что делается вокруг.

А вот устрашающий Вожак из «Оптимистической трагедии» в глубоком разладе с народным делом. Но нет здесь облегченного показа, простоватости, карикатуры.

А как впечатляет боцман Зосима Росомаха из раннего фильма Г. Данелии «Путь к причалу». Неустроенный, одинокий. Неуютно с ним. Груб он, суров. Никак не может прийти к нормальной жизни. Повидал немало на своем веку, натрудился, настрадался. И вот, когда забрезжил причал — дом, семья, обретенный сын, — судьба поставила его перед выбором...

Он не пришел к своему причалу, но сорок моряков на тонущем лесовозе были спасены.

Кого бы ни играл Андреев, он всегда был больше своих персонажей: в его улыбке, иногда спрятанной в глазах или в уголках губ, просвечивала мудрость художника, знающего и понимающего жизнь лучше, полнее, объемнее, чем герой.

Борис Федорович действительно много знал, много передумал. Жаль, что так мало записано его рассказов. Как интересно он говорил! И не только на встречах со зрителями. Он был замечательным собеседником — темпераментным, увлекающимся и увлекающим других, порой — ироничным. И всегда — мудрым. Он прекрасно знал и любил свое дело, свое искусство, чувствовал себя ответственным перед ним.

Борис Федорович поистине народный художник. Не только потому, что большинство его героев — труженики, типичные представители народа. Суть в том, что в нем жил нерв гражданственности, кровной сопричастности с народными судьбами. Он гордился тем, что большой и непростой отрезок истории он, актер, прошел вместе со своим народом. И то, что он стал одним из самых популярных наших артистов, — это результат не только его огромного таланта, мастерства, но и трудолюбия, природной любознательности актера, вглядывающегося в людей, изучающего их психологию, манеру поведения.

Остались роли, которые Андреев мечтал воплотить на экране, да так и не привелось. Как бы мы все хотели видеть на экране его Тараса Бульбу!..

Борис Федорович Андреев оставил глубокий след в нашем кинематографе, он гордость нашего кино, его неотъемлемая часть».

Николай Крючков, 1992 год

«ТРЕХГОРКА»

*П*очти двести лет назад, а именно в 1799 году, в царствование императора Павла I, предприимчивый крестьянский сын Василий Иванович Прохоров основал в Москве текстильную фабрику «Трехгорная мануфактура», которая стала выпускать самые ходовые и дешевые хлопчатобумажные, штапельные и другие ткани. Родоначальник мануфактуры не прогадал, и уже через сорок с небольшим лет его преемники основали торговый дом «А., К. и Я. Прохоровы». Доходное «дело» набирало обороты. И еще через сорок лет Иван Яковлевич Прохоров создал «Товарищество Прохоровской трехгорной мануфактуры», или, как коротко называли ее в обиходе, «Трехгорку».

Здесь же растянулись ряды мрачных трех- и четырехэтажных корпусов Прохоровских казарм — общежитий для ткачей, построенных в начале XIX века. Рабочие же называли эти дома по их справедливому назначению «спальнями». В одном из этих домов и поселился одинокий рабочий складальни по прозвищу Афоня-солдат, по фамилии Крючков.

В своей книге «Чем жив человек», изданной за семь лет до кончины, Николай Афанасьевич, конечно же, использует свидетельства тех, кто помнил его отца по тем годам, ну и, понятно, рассказы матери, ибо по малолетству многого знать просто не мог. Но, в общем, картина того времени создается весьма впечатляющая.

В молодые годы Афанасий Крючков работал на тульских каменоломнях под началом очень жестокого десятника. Рабочие с трудом терпели его, но однажды он так допек их чем-то, что Афанасий не стерпел и расквитался с ним сразу за всех: схватил десятника в охапку — слава богу, силушкой его природа не обделила — и сбросил в каменную яму. Десятник чудом остался жив, а Афанасия забрили в солдаты.

После службы приехал в Москву и пошел работать на «Трехгорку» грузчиком. Это была работа на износ. Но Афоня-солдат был человеком веселого и доброго нрава и на долю свою не жаловался. Здесь он и встретил молодую ткачиху с шикарным именем Олимпиада. Они поженились, родили сына Петра, а потом и Николая — будущего великого артиста.

Когда много лет спустя у Николая Афанасьевича поинтересовались началом его успеха, он ответил:

— Собственно говоря, никакого начала могло и не быть. Когда моя мама была мною беременна, она получила травму, и родился я чудом. Чудом и выжил.

Мама-то все-таки встала на ноги, а вот тяжелая изнурительная работа доконала-таки Крючкова-старшего — он стал часто болеть. И тогда у Олимпиады Федоровны родилась мечта: построить в деревне собственный дом, перебраться в него и жить на свежем воздухе и здоровой пище. Мать понимала, что это была единственная возможность продлить отцу жизнь.

И вот, оставив мать в Москве, отец забрал с собой двух сыновей и подался в Тульскую губернию. Облюбовали деревеньку Плотицино и начали строиться. Да только не достроили — весной 1920 года отец умер, а два брата-подростка остались жить в предбаннике.

Это были страшные годы: тиф, голод, холод, разруха. И никакой связи с внешним миром. Мать оставалась в Москве и знать ничего не знала о своих «мужиках». А братья, похоронив отца, мыкали горе-нужду. Кто-то пустых щей из лебеды даст, кто-то картофелину... «Сколько лет прошло, — пишет Николай Афанасьевич, — а до сих пор помню фамилию соседей — Карпухины. Они нас, чужаков, чем могли поддерживали. Во многом благодаря им мы с братом живы тогда остались».

Каким-то способом все-таки дали знать матери о беде, и она приехала за своими детьми, когда те лежали уже в тифу. И потащились они за двадцать с лишним верст на железнодорожную станцию. А там даже в вокзал не пускают — карантин: тиф свирепствовал вовсю. Неделю просидели под открытым небом, Кольке совсем худо стало. А Петька все бежал вдоль составов и умолял:

— Дядь, возьми нас, у меня братик больной!

— Чем больной-то?

— Да тифом!..

При этом слове двери теплушек мгновенно закрывались.

Наконец мать упросила одного начальника воинского эшелона взять их с собой.

Посадили красноармейцы, накормили Кольку кашей, и он сразу же уснул.

Не с той ли поры осталось у Николая Афанасьевича на всю жизнь трепетное отношение к человеку в военной форме? Как знать...

Доехали до Серпухова. Мать с Петькой пошла к военному коменданту, а Кольке сунула под голову мешочек с самым дорогим, что у них оставалось, — полтора фунта хлеба пополам с отрубями. Колька ни рукой, ни ногой пошевелить не может — совсем ослаб. И тут почувствовал, что кто-то в изголовье шарит. Раскрыл пошире глаза и видит: небритый дядька, в солдатской шинели без пуговиц, в буденовке со споротой звездой.

— Молчи, щенок, — шепчет. — Убью!

А Колька и крикнуть не может, только плачет. Тут и мать вернулась, тоже в слезы, шум подняла. Прибежал знакомый командир, взял с собой красноармейцев и бросился искать налетчика. Нашел. Привел в теплушку.

— Он? — спрашивает Кольку.

Колька и мог только кивнуть. Обыскали бандита и нашли у него за пазухой эту злосчастную горбушку. Увели. А потом Колька услышал сухой винтовочный треск: тут же за полотном и расстреляли мародера.

Все-таки добрались до Москвы, до Курского вокзала. Чтобы доехать до Пресни, извозчик два миллиона запросил. Откуда? Поплелись пешком.

— Я пить хочу, — вспоминает Николай Афанасьевич, — в жару ведь плохо что помню. Но на всю жизнь запомнил человека, который где-то возле Сухаревки напоил нас. Так потихоньку и добрели до Кудринской площади. А там и наша «Трехгорка». Плох, видать, я был тогда, коли соседки горестно у матери спрашивали: «Живого привезла мальца, Федоровна, аль мертвого?»

Выкарабкался! А в память о болезни первую кличку заработал: Колька Кривой. Голова набок, к плечу клонилась. Потом, когда на фабрике работать стал, сила появилась. К тому же занялся любительским боксом, голову стал держать ровно, и кличка куда-то пропала.

Так вот мы и оказались опять в родных «Спальнях», где и жили втроем на девяти метрах. Как жили? А так, что только в тридцатые годы узнали, что на столе еще бывает так называемое второе блюдо. Раньше мы были уверены, что существует только одно блюдо — похлебка.

Но братья не унывали. Мать снова пошла в цех, и они были предоставлены сами себе. После занятий в школе гоняли по пустырю тряпичный мяч, играли в лапту, зимой лихо носились с ледяных горок на одном коньке — двух, как правило, ни у кого не было.

А на Ходынке стоял кавалерийский полк, над которым шефствовала «Трехгорка». Ребята ухаживали за лошадьми, а благодарные кавалеристы обучали желающих вольтижировке. И как это потом пригодилось артисту Крючкову!

А повальное увлечение голубями? Старая русская забава! В «Парне из нашего города» есть потрясающая в своей простоте и искренности сцена, где Сережа Луконин стоит на крыше, в белой рубахе, в подвернутых до колен штанах, и так озорно свистит во все небо, гоняя стаю сизокрылых. Крючкову не нужно было перенимать эту картину у кого бы то ни было — он играл самого себя лет пятнадцать спустя.

Время летело стремительно. Окончив семилетку, Николай поступил в ФЗУ — фабрично-заводское училище, прообраз ПТУ: четыре часа работы, а потом четыре — учебы. Стал учиться парнишка граверному делу. Профессия гравера-накатчика была на фабрике очень уважаемой, и Николай гордился ею. А окончил он ФЗУ с высшим разрядом. Мать по фабрике именинницей ходила и мечтала только об одном: чтобы бросил сын свой треклятый драмкружок, который сбивал его с прямого рабочего пути!

Но театром в ту пору Николай, по его словам, «заболел уже всерьез и неизлечимо».

Дело в том, что помещение бывшей знаменитой кухни «Трехгорки» переоборудовали под клуб. А знаменита эта кухня была тем, что в ней перед рабочими-ткачами выступали в свое время В. И. Ленин и М. И. Калинин, а в 1905 году размещался Штаб вооруженного восстания. Так вот в этом клубе было несколько кружков, которые работали без расписания — каждый приходил, когда хотел, и выбирал то, что ему нравилось. Особенным вниманием пользовался спортивный кружок. Николай занимался боксом, борьбой, бегом, футболом. Ну а его истинной страстью был, конечно же, кружок художественной самодеятельности.

Здесь фабричного паренька обучили играть на гармонике, а плясать он сам научился у цыган на Ордынке. И «чечеточный перебор», и «метелочку» он перенял у них же и не уступал им в лихости и азарте.

На этой клубной сцене Николай, ученик второго класса, и играл свою первую роль маленького китайчонка. А вскоре ему поручили сразу три роли в спектакле-монтаже «1905-й год»: пристава, торговца-лоточника и рабочего-революционера. Особенно понравилась публике его роль толстяка полицейского.

— Народ смеялся, — вспоминал Николай Афанасьевич, — а меня на покидала мысль: как бы подвязанная веревкой к моему тощему животу подушка не вывалилась — со стыда ведь умру.

Кружковцы ставили и исполняли «живые картины», скетчи, монтажи, которые включали в себя и танец, и декламацию, и песню-частушку на злобу дня. Высмеивали разгильдяйство и расхлябанность, волокиту и очковтирательство, рвачей и бракоделов, прогульщиков и выпивох. Часто выступали прямо в цехах в перерывах между сменами. И как же были рады сами актеры-любители, когда узнавали, что после их выступления одним прогульщиком, лодырем или пьяницей стало меньше!

И еще у всех ребят с Пресни была ни с чем не сравнимая любовь — кино! Всепоглощающая страсть — кино! Как только представлялась возможность, они бежали в кинотеатр с пышным названием «Гран Плезир». Сейчас он называется «Баррикады», и в нем показывают мультфильмы.

А тогда там крутили ленты с Мэри Пикфорд, Дугласом Фербенксом, Гарольдом Ллойдом в главных ролях. Это были великие актеры «великого немого» кино.

А потом «Индийскую гробницу», «Знак Зорро» и «Черный конверт» сменили «Красные дьяволята», «Броненосец «Потемкин», «Октябрь»... И каждый фильм ребятня смотрела не меньше десяти раз, поэтому знала их наизусть. До конца дней своих Николай Афанасьевич помнил все роли экранных кумиров.

— Жизнь шла своим чередом, — скажет о том времени Крючков. — Да что там шла — бежала, мчалась, летела! Львиную долю времени забирала, естественно, работа гравера-накатчика. Работой своей я гордился. Идешь, бывало, по улице — девушки навстречу нарядные, да все вроде знакомые. К одной так подошел, тронул за рукавчик: наш, говорю, ситчик-то. Отскочила как от ненормального! Работа у меня была очень уж спокойная, а я на месте усидеть не мог. Ну что ты будешь делать — завелся «озорник» внутри да так всю жизнь и сидит там и не дает покоя. Все мне мало! Выучился водить автомобиль — грузовик-пятитонку. Учили просто «по-трехгорски»: в крапиву сядешь, сам машину и вытаскивай. Амортизаторов, как сейчас, не было. Наездишься за день по проселкам, кочкам да брусчатке, потом дома на стуле елозишь. А мать воспринимала это по-своему:

Мать артиста —
Олимпиада Федоровна,
ткачиха Трехгорки.

Занятия учеников в печатном отделении
Прохоровской мануфактуры

Н. Крючков в спектакле Театра рабочей молодежи
«Московский 10x10» по пьесе Ф. Кнорре в роли
Сашки-сезонника, веселого и задорного парня,
с примечательными куплетами и танцем, которые не раз
пришлось повторять под аплодисменты.

Борис Барнет — режиссер, заслуженный артист РСФСР. «Именно он открыл мне дорогу в кино. Он стал поистине моим «крестным отцом». И мне позволено судить о том, что без Барнета я не стал бы тем, кем стал», — всегда подчеркивал Н. Крючков.

К/ф «Окраина». 1933 год. Режиссер — Борис Барнет

К/ф «Окраина».
Н. Крючков в роли Сеньки
Кадкина.

«В этот вечер за чаем у Наташи Глан и Бориса Барнета
я прочитал сценарий будущего фильма «Окраина» и был
искренне потрясен несчастливой, незадавшейся и до боли
типичной для своего времени судьбой Сеньки Кадкина», —
вспоминал Николай Крючков.
Крючков — Сенька Кадкин, Ел. Кузьмина — Манька.

Сергей Юткевич — режиссер, народный артист СССР, Герой Социалистического Труда.

К/ф «Человек с ружьем». 1938 год. Режиссер — Сергей Юткевич. Н. Крючков — солдат Сидоров.

Сергей Герасимов — режиссер, народный артист СССР, Герой Социалистического Труда.

Тамара Макарова — народная артистка СССР, Герой Социалистического Труда.

К/ф «Комсомольск». 1938 год. Режиссер — Сергей Герасимов. Н. Крючков — Андрей Сазонов, Т. Макарова — Наташа Соловьева. Фильм о строительстве Комсомольска-на Амуре. Фильм в прямом смысле документален. Молодежь своими руками строила Комсомольск. Они же были подлинными участниками съемок.

«Прошло полвека, но я до сих пор помню нашу совместную работу, наше содружество, без которого она бы никак не сложилась».
Н. Крючков, Е. Кузьмина, Л. Свердлин в фильме «У самого синего моря». 1936 год.

К/ф «Станица Дальняя». 1939 год.
Режиссер — Е. Червяков. Н. Крючков — казак Мишка, З. Федорова — станичница Дарья.

Темная ночь!.. — как в песне.

К/ф «Трактористы». 1939 год. Режиссер — И. Пырьев.
Н. Крючков — Клим Ярко.

С Борисом Андреевым в «Трактористах».

«Вот так, милая моя, а ты растерялси...» — отвечает Клим (Крючков) Савке (Алейникову) в фильме «Трактористы».

Рабочий момент. М. Ладынина, Н. Крючков, И. Пырьев на съемках фильма «Свинарка и пастух».

К/ф «Парень из нашего города», 1942 год.
С Лидией Смирновой.

Последняя мирная рыбалка «парня из нашего города».

К/ф «Парень из нашего города», 1942 год.
В роли Сергея Луконина.

Выразительный взгляд артиста нельзя забыть
ни в одной роли.

«Святой мужской союз» — не влюбляться, не жениться до конца войны, заключенный Булочкиным, Тучей и Кайсаровым, к концу фильма распался… В. Нещипленко, Н. Крючков, В. Меркурьев в фильме «Небесный тихоход», 1946 год.

Н. Крючков с Георгием Юматовым (Венька Малышев) в фильме «Жестокость», 1959 год.

К/ф «Дело Румянцева», 1956 год. В роли Королькова — Крючков, в роли Саши Румянцева — Баталов.

Н. Крючков с Сергеем Лукьяновым.
В роли полковника Афанасьева.

К/ф «Суд», 1962 год.
В роли Семена Тетерина.

Николай Афанасьевич
сломал ногу на съемке
фильма «Суд». Через два
дня он снял гипс. И от
ноющей боли в ноге он
только просил раскладушку
после отснятого дубля.

— Что вертишься, в артисты не терпится? Вот я тебе сейчас поверчусь!

В сердцах могла и ложкой по лбу съездить, даром что выше ее на голову вымахал и боксом занимался. Мать есть мать...

И еще Николай Афанасьевич вспомнит, как собирал по частям вместе с друзьями-приятелями мотоцикл. Красный, мощный, с мотором в двадцать две лошадиные силы марки «Индиана». Трижды разбивался на нем, но ездить научился. В общем, много чего умел делать — и столярничать, и слесарничать, и сапоги тачать, и на гармони играть, и песни петь.

Крючков был неуемен в желании преуспеть во всем. И дело тут не в количестве «умений», как верно подметит Григорий Чухрай: «Дело в том, что от него всегда, с юных лет, исходило ощущение особой надежности. Его нельзя было не заметить, не оценить, будь то драмкружок, ТРАМ или экран. Наше кино предвоенной поры остро нуждалось в таком исполнителе, в таком характере, в таком герое. Таком обаятельном, с душой нараспашку, сметливом и смелом, способном поднимать людей в атаку и на трудовой подвиг».

Вообще говоря, память детства обладает удивительной способностью сохранять в себе только светлые картины и добрые чувства и затушевывать то, о чем не хотелось бы вспоминать. Видимо, именно поэтому Николай Афанасьевич совсем мало и очень неохотно рассказывал о лихолетьях той поры и с большим чувством вспоминал о самом для себя дорогом.

— «Трехгорную мануфактуру», — говорил

он уже в зрелом возрасте, — благодаря которой я вырос, выжив в горькие трудные годы, прочно стал на ноги, обрел верных друзей и профессию, считаю своей первой и главной школой жизни. Я был усыновлен ею, так как рано остался без отца.

С суровой отцовской нудностью учили меня профессии и ненавязчиво учили доброму отношению к людям.

Я считал, что обязан был своим наставникам вернуть долг. Сколько буду жить, столько буду расплачиваться. Получив тепло от людей, хотелось вернуть его через образы искусства и личные взаимоотношения.

Но это он скажет уже тогда, когда у него появится возможность «вернуть долг» людям, которые помогли ему «стать на ноги». Ну а в пору своей фабричной юности думал ли он, что будет возвращать людям полученное от них тепло «через образы искусства»? Вряд ли. Конечно, Николай, как и все его сверстники, был увлечен кино, но не настолько, чтобы даже мечтать ухватить перо сказочной жар-птицы. Жизнь научила его не парить в облаках, а твердо стоять на земле. И когда его много позже спросили, чем бы он занимался, если бы не удалась карьера артиста, он не задумываясь ответил:

— Тоже не беда. Работал бы на «Трехгорке», продолжал бы дело своих родителей. А профессия, которую я получил в ФЗУ, была очень уважаемой. И романтики в нашей жизни хватало.

Если бы эти слова сказал кто-то другой, можно было бы только усмехнуться такому неприкрытому кокетству. Но это сказал Крючков, упрекнуть которого в неискренности было совершенно невозможно. В нем сконцентрировалось столько жизнелюбия, темперамента, молодецкой удали, что казалось слишком для одного человека. И трудно отрешиться от мысли, что именно неуемная энергия, бьющая через край, и привела его на театральные подмостки, где он имел неограниченные возможности перевоплощаться в себе подобных — в «знакомых незнакомцев».

Как бы там ни было, но когда он узнал, что объявили набор в театральную студию для рабочей молодежи, то не задумываясь «гармонь через плечо — и пошел сдавать экзамены».

Первый театр рабочей молодежи — ТРАМ — был создан в Ленинграде в 1925 году на базе Дома коммунистического воспитания молодежи. Московский — тремя годами позже.

И вот Крючков с гармошкой предстал перед членами приемной комиссии — перед корифеями сцены и экрана. Предстал без волнения и страха, с легкой улыбкой на губах: как всегда, он был уверен в себе. И все же, когда дошло до дела, стушевался.

«Комиссия молчала, оценивая мою внешность, — запомнит Крючков. — Потом кто-то деликатно попросил положить гармонь в угол и для начала исполнить этюд на заданную тему. Как в тумане сыграл что-то или кого-то, потом читал по памяти — декламировал, отвечал на разные вопросы из биографии, а мысли вертелись вокруг одного: только бы разрешили взять в руки инструмент, я бы им показал, какой я есть на самом деле. Наконец спрашивают: «Может, вы сыграть хотите?»

Бросился я к гармони, накинул ремень на плечо, развернул во всю ширь мехи и выдал «на полную катушку». Пел, плясал, играл с переборами, шутки шутил. И дошутился — приняли!»

Так Крючков был зачислен в студию Московского Центрального ТРАМа, где и проучился два года без отрыва от производства.

Занимались на Сретенке, на заброшенном и захламленном чердаке кинотеатра «Уран». Но рабочих парней и девушек, которые пришли из фабричной художественной самодеятельности, это нисколько не смущало. Были среди них и плотники, и столяры, и слесари. И маляры — сделали из чердака игрушку. Даже пол сами настелили.

Да и то сказать, основатель русского профессионального драматического театра ярославец Федя Волков начинал свой путь в искусстве в бывшем кожевенном сарае, из которого только с великим трудом удалось истребить тяжкий дух от кислой кожи и вареной крови. Так что московским начинающим артистам еще крупно повезло.

Не боги горшки обжигают. Молодым студийцам повезло и с учителями. Актерское мастерство им преподавали великие мхатовцы Николай Хмелев, Илья Судаков, Иосиф Раевский, Алексей Грибов, музыкальным руководителем был Исаак Дунаевский, литературной частью заведовал автор «Белой гвардии» и «Дней Турбиных» Михаил Булгаков, танцам обучала известная в ту пору балерина Наталия Глан, игравшая главную роль в фильме «Месс-Менд», биомеханику вела Ирина Хольд — дочь Всеволода Мейерхольда, благодаря которой студийцы получали возможность бывать на его репетициях и спектаклях. Художественным оформлением занимались Евгений Кибрик и Кукрыниксы. Самыми «старыми» среди них были тридцатисемилетние Судаков и Булгаков. Остальные преподаватели недотягивали и до тридцати и были не намного старше своих учеников.

Репертуар в театре был самым непритязательным. Особенным успехом у зрителей всегда пользовалась «политчечетка» — этакий винегрет из традиционного степа, акробатики и одновременного исполнения куплетов и частушек на злобу дня. Ставили скетчи, сценки, одноактные пьесы Николая Погодина, Константина Тренева, Сергея Третьякова, Александра Афиногенова. О чем рассказывали эти представления, можно судить по их названиям: «Рычи, Китай!», «Зови, фабком!» (фабком — это фабричный профсоюзный комитет), «Московский 10.10», «Стройсвирь».

В нашумевшей пьесе Федора Кнорре «Московский 10.10» Крючков развернулся вовсю — не только сыграл роль Сашки-сезонника, но еще и поставил «массово-революционный» танец с примечательными куплетами: «Мы танцуем ойра-ойра, укрепляем СССР». Этот танец всегда шел под гром аплодисментов, а массовики московских парков и садов сочли его за пародию и затаили зло на молодого артиста.

«Звезд с неба», по собственному признанию Крючкова, он не хватал, поскольку в первых ролях его занимали нечасто. Ему обычно поручали роли рабочих парней и сельских ребят — те, что ему больше всего удавались. А вообще-то соперничества в молодой актерской среде не было. Там бытовало такое расхожее слово — «чище». Ты играешь эту роль чище меня — играй, я танцую в этой сцене чище, чем ты, — я танцевать буду. Ну а у самого Николая в танцах соперников и быть не могло — недаром на уроках по хореографии он был постоянным партнером самой Наталии Глан, которая и сыграла в его судьбе решающую роль.

— Я пожизненно обязан ей, милейшему и добрейшему человеку, — говорил Николай Афанасьевич, — еще и тем, что именно она, по сути дела, «сосватала» меня в кино.

Это произошло осенью 1931 года. Однажды, когда Крючков готовился к выходу на сцену, за кулисы зашел известный кинорежиссер Борис Васильевич Барнет, который поставил к тому времени «Закройщика из Торжка» и «Девушку с коробкой». Он искал актера на главную роль в своем новом фильме «Окраина». Глан представила Крючкова Барнету:

— Вот мой партнер по танцам — Николай Крючков.

Барнет окинул Крючкова взглядом и попросил прийти к нему на пробу. Назначил время и место. О том, чтобы стать киноактером, Крючков тогда и не думал. Как он считал, «личностью, извиняюсь, не вышел». Но все же в назначенное время на киностудию пришел.

— Давай, Сенька, работай! — скомандовал Барнет и повернулся к Крючкову спиной.

«Значит, — подумал дебютант, — главного героя Сенькой зовут». Огляделся и понял, что находится в сапожной мастерской: верстак, фартук, «лапка», молоток, гвозди, обрезки кожи — все для работы сапожника. Для Николая это знакомое дело. Насмотрелся на работу своих уличных друзей — колодных сапожников, которые сидели на Пресне почти на каждом углу. Только молоток он держал в левой руке, потому что был левша.

Надел фартук, сел и, пока аппаратуру ставили, успел себе набойки подбить. Весь ушел в работу «сапожник». И когда Барнет вдруг неожиданно окликнул: «Сенька!» — недовольно поморщился:

— Чего тебе?

Эта фраза и интонация, с какой он ее сказал, и решили судьбу будущего киноартиста. Больше проб не понадобилось. И еще Барнет сразу же отметил бесценный дар Крючкова — моментально входить в образ, мгновенно вовлекаться в игру с любого эпизода.

«По-моему, — скажет потом Николай Афанасьевич, — по большому только счету может быть счастливым тот актер, которому удалось выйти на главную свою роль. И убедительно сыграть ее и на экране, и в жизни.

У меня все пошло с первой роли в кино.

Такими, как Сенька-сапожник, были практически все мои герои. Его жизнь была очень близка и понятна мне — тоже пареньку с городской окраины.

А следует напомнить, что в то время «Трехгорка» была окраиной Москвы».

Все так. Но нельзя забывать о том, что это было время, когда на смену «Великому немому» решительно и бесповоротно пришло звуковое кино. И Барнет готовил свой первый звуковой фильм, в котором хотел поделиться со зрителем своим открытием — киноартистом Николаем Крючковым.

ЖИЗНЬ ЭКРАННАЯ

В тот же вечер, когда состоялась «проба», Крючков прочитал за чаем у Наталии Глан и Бориса Барнета сценарий будущего фильма «Окраина» и был потрясен несчастливой, незадавшейся и до боли типичной для своего времени судьбой молодого сапожника Сеньки Кадкина.

Было необычно и то, что Барнет показывал революцию не через напыщенно-героические образы ее творцов, которые в искусстве становились уже ходульными, а через характеры ничем не приметных людей с захудалой окраины. И конечно же, режиссер сразу уловил в Крючкове те внешние черты, которые роднили его с литературным персонажем: озорство, бесшабашность, безоглядная удаль и беспредельная доброта к людям.

И на фронт Сенька уезжает, движимый не патриотическими чувствами, не желанием пострадать за Расею-матушку, а в поисках очередных приключений, вроде чеховских мальчиков, которые, начитавшись Майн Рида и Фенимора Купера, решили бежать в Америку.

Но солдатские окопы, в которые попадает Сенька, и разрывы снарядов сразу же охлаждают его романтический пыл. И закончит он свое бренное существование так же по-мальчишески нелепо, как и жил: когда часть поднимут в атаку, он не придумает ничего умнее, как повязать платком щеку и пожаловаться офицеру на зубную боль. И, как говорят в таких случаях, они не поймут друг друга.

Хотя эта психологическая кинодрама, как и все ленты той поры, была отмечена печатью времени, но на фоне откровенно политизированных фильмов эпохи коллективизации и индустриализации она выглядела бледным пятном и так и осталась на идеологической «окраине». Хотя тем не менее и вошла в золотой фонд советского и мирового кино.

Вместе с дебютантом Крючковым роль Маньки в фильме играла уже известная к тому времени Елена Кузьмина — это был ее четвертый фильм. Манька — такая же добрая и непорочная душа, как и Сенька. И так же, как и Сенька, она становится жертвой несправедливого социального мироустройства.

Актрисе неуемного темперамента, с независимым характером авантюрного склада, Кузьминой показалось, что роль Маньки в сценарии выписана слишком пресно, и она убедила режиссера, что, если придать героине эксцентричный характер, ее образ станет намного ярче. Барнет не стал спорить и сделал ей встречное предложение… стать его женой. Кузьмина согласилась.

Много позже она напишет:

«…Не подумав, стала женой Барнета. Это была одна из самых страшных ошибок в моей жизни. Барнет был годен для чего угодно, только не для семейной жизни. Хотя он обаятелен и мужествен, но от него надо было бежать, накрывшись непробиваемой покрышкой. Никто меня не остановил. Решила все сама. Ни о чем не думая».

Эта женитьба, конечно же, не имела прямого отношения к Николаю Афанасьевичу, если не считать, что Кузьмина вошла в жизнь его лучшего друга, которого он считал своим «крестным отцом». И все же это обстоятельство сыграет свою роль в творческой судьбе Крючкова через четыре года, когда его пригласят на съемки фильма «Тринадцать». Но об этом в свое время.

«Крючков, — писал критик М. Кушниров, — открытие Барнета и впоследствии один из любимейших его друзей. Он любил его за веселый, общительный нрав, простоту и душевность — они были где-то родственны. Крючков отродясь был такой же хваткий, переимчивый до всякого полезного навыка, такой же охочий до веселых компаний. И рыболовом заядлым сделался с легкой руки Барнета. Его творческая судьба словно ответвилась от судьбы Барнета».

Сам Крючков признавался, что без Барнета он не стал бы тем, кем стал. Борис Васильевич обладал удивительным педагогическим тактом, доброжелательностью и терпением. Он рассказывал, показывал и объяснял, ни разу не позволив себе удивиться или снисходительно улыбнуться наивности или профессиональной неискушенности начинающего киноактера.

«Строго говоря, — писал Николай Афанасьевич, — он ничему не учил меня определенно, это я у него учился всему, во все углы совал свой нос, во все «ящики» на съемочной площадке залезал в обязательном порядке и, несомненно, изрядно замучил его своими непрестанными «это что?» и «этот как?», и так далее до бесконечности.

Барнет был старше меня на девять лет. Признанный мэтр, популярный режиссер, к тому же отличный актер и незаурядный спортсмен. Мы были схожи с ним и в своей любви к веселым интересным компаниям, и в стремлении быть мастерами на все руки, и даже в том, что признавали из всех прочих только один вид отдыха — рыбалку.

А какие он трюки делать мог! На моих глазах во время съемок он прыгал из окна одного дома в окно дома напротив, прыгал без какой-либо страховки, но без помарок. Чем могли кончиться такие «помарки», вряд ли нужно кому-то объяснять подробно — и так ясно. Полагаю, что все мои последующие занятия боксом, борьбой, поднятием тяжестей, пулевой стрельбой и многими другими видами спорта были в известной степени «срежиссированы» еще Борисом Барнетом».

Николай Афанасьевич часто вспоминал один эпизод, когда хотел еще более возвеличить своего учителя. Сцена снималась в морском заливе, кишащем змеями. И хотя они были не ядовиты, зато кусались по-настоящему.

— По ходу действия мы должны были стоять по колено в воде, весело улыбаться и разговаривать. В первый раз мы убежали из кадра, не дождавшись команды «стоп!». То же самое повторилось и во второй раз, а когда были готовы выскочить из воды в третий раз, Барнет решил спасать положение личным примером. Он закатал до колен свои отглаженные брюки, смело встал на наше место и простоял там минут пятнадцать, всем своим видом изображая, что контакт с морскими змеями доставляет ему величайшее наслаждение. После этого пришлось и нам вернуться на место....

Съемки «Окраины» проходили там же, где родился и вырос Николай Афанасьевич, так что он чувствовал себя в родной обстановке, среди близких ему людей. Как всегда в таких случаях, съемочную группу окружала толпа зевак. Был среди ребят и будущий кинорежиссер Сергей Колосов.

— Детские годы мои, — рассказывал он, — прошли на Пресне, на Горбатом мосту. Когда я учился в четвертом классе, под нашими окнами начались съемки фильма «Окраина». Актеров я еще не знал, однако заметил, что пресненские зеваки, глядевшие на съемки, обращали внимание на знакомого некоторым из них «парня с «Трехгорки» — молодого, сильного, смущавшегося артиста с белозубой улыбкой, сыгравшего роль незадачливого сапожника. Узнал: фамилия его Крючков.

Ребятишек из наших ветхих домов тоже однажды пригласили сниматься. Так вот и получилось, что я — участник первого фильма Крючкова.

Колосов был так потрясен увиденным, что страсть к кино осталась у него на всю жизнь.

А потом была премьера «Окраины» в только что открывшемся кинотеатре «Ударник». Обычно в таких случаях говорят: «А наутро он проснулся знаменитым». Все это так. Но случился непредвиденней казус: будущую знаменитость милиционеры у входа ни в какую не хотели пускать на его же премьеру. Парня в немыслимой одежде и с залихватским чубом они приняли за гопника и не хотели, чтобы он своим видом смущал приличную публику. На его счастье, тут появился Барнет и провел с собой «по знакомству».

Успех фильма был ошеломляющим. Крючков становится профессиональным актером кино, и его наперебой приглашают сниматься наши крупнейшие кинорежиссеры. Иногда он бывает занят сразу в двух-трех фильмах. Достаточно сказать, что в последующие за «Окраиной» пять лет он снялся в восьми фильмах. В том числе в такой светлой лирической комедии Барнета, как «У самого синего моря», в которую Борис Васильевич снова приглашает к себе Крючкова и теперь уже свою жену, ставшую к тому времени мамой, Кузьмину; роль третьего героя любовного треугольника Барнет предложил прекрасному артисту Льву Свердлину.

Со Львом Наумовичем Крючков подружился, когда был еще студийцем-трамовцем и частенько наведывался с товарищами в театр Мейерхольда, в труппе которого и работал Свердлин. Это был «человек тысячи лиц». По выражению критика Вл. Соловьева, «чемпион страны по числу сыгранных им персонажей, представляющих людей разных национальностей». Чукча, казах, японец, русский, татарин, еврей, монгол, немец, украинец, азербайджанец, узбек, кубинец, англичанин, китаец, таджик — это все он, Лев Свердлин.

Когда японцы посмотрели фильм «Волочаевские дни», они не могли поверить, что роль японского полковника Усижимы исполнил русский актер, а не японский.

Кинорежиссер Марк Донской, в фильмах которого Свердлин сыграл двух чукчей, рассказал, как искал типаж на роль татарина в «Моих университетах»:

— У нас на студии работал тогда сторож-татарин, и я решил попробовать его в этой роли... И вот через какое-то время ко мне привели пожилого человека в поношенном армяке, с негустой седоватой бородкой, сутулого и застенчивого. Подбирая русские слова, этот сторож что-то рассказывал о том, как «мало-мало трудно склад сторожить... Заснуть нельзя, нехорошо будет. Реквизит пропадать будет...»

— А детки у тебя есть? — спросил я.

Сторож закивал, улыбнулся и ответил:

— Малшик одна есть, и жена тоже есть, хороший, русский жена.

Я попросил его спеть какую-нибудь татарскую песню. И он спел сначала грустную, а потом веселую татарские песенки.

— Надо, Женя, — сказал я присутствующему при этом ассистенту, — попробовать, мне этот старик нравится. Ну как, дед, будем сниматься?

— А почему бы и нет? — ответил татарин каким-то молодым голосом.

Я насторожился. Очень пристально вгляделся в него. Из-под седых бровей сверкали черные молодые глаза — с такой смешинкой и лукавством!

— Да это же Свердлин! — закричал я и бросился обнимать его.

Вот с таким партнером, играющим роль его друга азербайджанца Юсуфа, предстояло сниматься Крючкову в фильме «У самого синего моря». Съемки велись на Каспии, на Апшеронском полуострове. Съемочная группа жила среди азербайджанцев, и Свердлин сразу же стал приглядываться к их привычкам, манере говорить, жестикулировать, ходить. Заучил несколько распространенных выражений. Прошло немного времени, и местные жители стали совершенно серьезно принимать его за своего земляка. А к концу съемок он уже свободно изъяснялся с азербайджанцами на их родном языке.

Сюжет этой картины необычайно прост. Двое друзей-рыбаков, Алеша и Юсуф, приезжают работать в один из каспийских рыболовецких колхозов, где знакомятся с рыбачкой Машей и влюбляются в нее.

В фильме герои не совершают героических поступков, не говорят громких слов и избегают изображать бурные чувства. «Этот фильм очаровательного вкуса» (Чухрай) рассказывает о красоте и радости жизни, о молодости и доброте, о дружбе и благородстве.

Юсуф полюбил Машеньку всей своей чистой и безгрешной душой, но в то же время он остается преданным другом Алеши. И страдает, готовый принести свою любовь в жертву настоящей мужской дружбе.

По нынешним меркам конфликт выглядит наивным, но игра Крючкова и Свердлина придавала фильму такое ощущение светлой и чистой нравственной атмосферы, такой трепетной любви к людям, что зритель не мог не проникнуться ею.

К тому же картина была очень своевременной. Она вышла в 1935 году, когда совершенно официально был провозглашен отказ от многих пуританских предрассудков прошлых лет.

— Сейчас, — напоминал Николай Афанасьевич, — если сказать кому-то из молодых, что раньше, к примеру, за появление в галстуке могли исключить из комсомола, то ведь никто не поверит. Но так было. То же касалось и модной, нарядной одежды, и джазовой музыки, и таких танцев, как фокстрот, и вечеринок, и многого другого, со всей серьезностью причислявшегося к сонму злокозненных искушений, могущих сбить советского человека со «светлого пути социального перерождения».

Летом 1935 года всяческие барьеры такого рода объявили смешными, просто нелепыми, и, к нашему всеобщему облегчению, окончательно отменили. Отныне в пуританских ограничениях более не нуждались ни трудовой героизм, ни высокая комсомольская нравственность.

> Можно быть комсомольцем ретивым,
> Но весною вздыхать на луну...
> Можно галстук носить очень яркий,
> Но быть в шахте героем труда...

Эти строки из ныне забытой, а тогда знаменитой «Резеды» М. Блантера, прозвучавшие со страниц «Правды», утверждали новое отношение к благам и радостям жизни, провозглашали установление здорового климата в культуре и быту советских людей. В сущности, картина «У самого синего моря» говорила о том же.

К этому можно еще добавить, что фильм был просто насыщен множеством по-доброму смешных эпизодов и ситуаций. Недоговоренности, умолчания рождали недоразумения до тех пор, пока незадачливые влюбленные не узнали, что Маша-то любит третьего — своего земляка, который служит на флоте. Ну а кому же еще могла отдать предпочтение рыбачка, как не человеку в военной форме?! А еще в одной из сцен фильма Алеша в запальчивости кричит: «Я буду драться за Машеньку, как на фронте!»

И это упоминание о флоте и о фронте совсем не случайно, мыслью о необходимости готовиться к защите своего Отечества — своего дома — были так или иначе пронизаны все фильмы 30-х годов. А для артиста Крючкова с образом человека в военной форме станет связана вся его творческая судьба.

Уже в послевоенные годы дважды Герой Советского Союза маршал бронетанковых войск Михаил Ефимович Катуков скажет:

— Лучшее о танкистах в кино было, на мой взгляд, создано до войны — «Три танкиста, три веселых друга...». Я не могу ответить на вопрос, какой был лучший фильм о Великой Отечественной войне. Затрудняюсь сказать. А вот актера, сыгравшего лучшие роли воинов, назову без колебания — Николай Крючков.

Но тогда им еще не было сыграно ни одной роли советского воина, и первая из них, которую он должен был бы сыграть, так и осталась несыгранной. Это произошло на съемках фильма «Тринадцать».

Действие картины развертывалось в песках Каракумов. Банда басмачей, надеясь найти воду в одной из древних полуразрушенных крепостей, нарывается на красноармейский отряд, который оказывает ей яростное сопротивление. В отряде всего тринадцать человек: командир с женой, десять красноармейцев и старый геолог.

На одну из ведущих ролей красноармейца Михаил Ромм пригласил Крючкова, на роль жены командира — Кузьмину и получил их согласие. Но сниматься у другого режиссера Кузьминой запретил ее муж — Барнет. До этого он запретил ей сниматься даже у ее учителей — у Козинцева и Трауберга в «Юности Максима», где специально для нее была написана роль.

Запрет на съемки у Ромма переполнил чашу терпения гордой и независимой по своему характеру Кузьминой, и после бурной сцены с мужем она, как говорят в таких случаях, «хлопнула дверью» и отправилась в Каракумы. А вслед за ней приехал и Барнет, чтобы уговорить ее возвратиться. О чем между ним и Роммом состоялся разговор, неизвестно, да это и не имеет для нас никакого значения — это их личное дело. Но, вероятно, Барнет уже среди членов съемочной группы высказал сомнение в целесообразности съемок в Каракумах, и Николай Афанасьевич, как всегда, поддержал своего любимого учителя и друга. Со свойственной ему прямолинейностью он сказал:

— Действительно, зачем нужно было ехать в

Каракумы, если проще было привезти песок из Подмосковья на «Мосфильм» и там все снять.

Этой фразы было достаточно, чтобы обвинить Крючкова в дезорганизации производства. А в те далекие тридцатые годы это было равносильно обвинению во вредительстве. К счастью для Николая Афанасьевича, эта история закончилась для него без серьезных последствий, если не считать, что его отстранили от участия в съемках, а все сцены, связанные с его ролью, из сценария вымарали. Вряд ли Крючков был этим уж слишком огорчен. Главное, он сохранил верность своему учителю и дружбу с ним, которая осталась незапятнанной до конца дней Бориса Васильевича.

Ни с чем уехал Барнет — Кузьмина возвращаться наотрез отказалась и продолжала сниматься, как она говорила, «при температуре плавления мозгов». Была лишь тоска по дочери Наташеньке, которая осталась в Москве. Зная об этом, Ромм окружил актрису таким вниманием, такой заботой, что сердце Кузьминой дрогнуло, и через некоторое время они поженились. И прожили счастливо до самой кончины Михаила Ильича в 1971 году.

А песок, между прочим, на «Мосфильм» все-таки завезли, и барханы доснимали уже в столице. Зрители, конечно же, этого не заметили: песок — он и в Москве песок. Как и не заметили «потери бойца»: вместо десяти их осталось девять. Зато название осталось прежним: «Тринадцать».

Но все хорошо, что хорошо кончается. А несостоявшийся красноармеец Крючков в тот год и так был загружен сверх меры: он снимался в трех фильмах одновременно, среди которых «Человек с ружьем», где он сыграл соль солдата, и «На границе» в роли начальника пограничного участка капитана Тарасова, за которую получил первую правительственную награду — орден Трудового Красного Знамени.

Этот день — 1 февраля 1939 года — стал для Николая Афанасьевича, по его словам, одним из самых памятных в его жизни.

— Когда я выехал из Кремля, — вспоминал он, — была пасмурная погода, а мне казалось, что светит солнце и все люди улыбаются, вместе со мной радуются счастью. Так вот, зажал коробочку с орденом в кулак и пошел на Малую Дмитровку, где был мой родной Театр имени Ленинского комсомола — бывший ТРАМ, — к своим ребятам.

Конечно же, Николай Афанасьевич не мог не разделить эту радость с товарищами, с которыми начинал свой сценический путь.

Фильм «На границе» сейчас, пожалуй, не остался в памяти даже у зрителей старшего поколения. Такие картины в то время называли «боевыми», сейчас бы их причислили к приключенческому жанру с элементами детектива с его непременными атрибутами: перестрелкой, погонями, коварными врагами, ловкими и бесстрашными героями и счастливым концом. Авторы ставили перед собой простую и ясную задачу: убедить зрителя в том, что советская граница на замке и враг не пройдет. И убеждали, хотя очень скоро в этом пришлось горько разочароваться.

Но речь сейчас не об этом, а о том, какое значение имела для артиста Крючкова сама роль капитана Тарасова. Оказывается, самое определяющее. Вот что он сам напишет в своих воспоминаниях, где скажет о себе в третьем лице: «Вопрос, каким должен быть советский человек, наш современник, стал для артиста Крючкова самым главным во всей дальнейшей жизни на экране, стержнем многих кинематографических образов. Стал вопросом всей жизни».

Думается, эта мысль не столько подтверждает основополагающий принцип пресловутого «социалистического реализма», сколько характеризует самого Крючкова, который всегда стремился не только играть «хороших людей», но примером своих героев пробуждать в человеке «чувства добрые». Николай Афанасьевич никогда не отрекался от сыгранных им ролей и никогда не ставил их значимость в зависимость от быстро преходящей конъюнктуры. Он был артист, и высшей наградой ему служила неизменная любовь зрителей, которым он всегда отвечал взаимностью.

В том же 1939 году в Ленинграде шла работа над фильмом «Член правительства», в котором Крючков играл вместе с замечательной актрисой Верой Марецкой в роли Саши Соколовой. И Николай Афанасьевич наблюдал, с каким упоением Марецкая читала сценарий.

«За полдня два слова напишу — такая я грамотная». Ах, как хорошо она это говорит! — радовалась Марецкая. — А вот про телефон: «Да что ты все с этой веревкой разговариваешь?»

Постепенно прямо за кофе беседа перешла в

репетицию. И тут режиссеры воочию увидели, что рядом с ними за одним столом, с кофейной чашечкой в руке, сидит не актриса Марецкая, а сама Саша Соколова.

И все же этого было еще мало. Предстояла одна из самых неприятных процедур в нашем актерском деле — кинопроба. Марецкой предложили сыграть очень сложный в психологическом отношении эпизод. Муж возвращается после долгих скитаний на поденщине в родную деревню. Дома все переменилось: изба новая, обстановка иная, сын за чужого дядю принял. Появляется Саша, на ходу отдающая распоряжения своему помощнику. Она видит мужа, и уверенный хозяйский тон уступает место робким бабьим причитаниям. Теперь перед Ефимом обычная слабая баба, исстрадавшаяся в одиночестве, без мужа.

Сильная сцена. Вера Петровна загорелась. Вот только одна загвоздка: кому сыграть на пробе Ефима? Кандидат на эту роль еще не был утвержден. Роль дублера согласился взять на себя ассистент режиссера, человек крайне стеснительный. И то лишь при условии, что в кадре будет его спина, не более. Марецкую это устроило.

Лицо Веры Петровны, слегка измененное гримом и крестьянской прической «узлом», было прекрасно. Глаза, повлажневшие от слез, выражали жалость, любовь, испуг — все вместе. Брови в трагическом изломе, губы что-то шептали, а руки, обвившие шею «мужа», вздрагивали от волнения и тоски.

— Ой, Ефимушка! Ты? Муж мой милый, батюшка ты мой! Вернулся ты ко мне, жемчужинка ты моя!..

Я много бы дал, чтобы заглянуть в тот миг в глаза ассистента. Видны были лишь его напряженная шея и вздрагивающие плечи. Неужели подыгрывает, «плачет»? Мы все просто восхитились. Какой молодец, как тонко чувствует свою роль! Эпизод отсняли, он обернулся. Съемочная группа оторопела: ассистент вздрагивал... от смеха! И что же оказалось? Автором этого эффекта была все та же Марецкая. Играя свой невероятно сложный кусок роли, она потихоньку щекотала партнера!

Подобных веселых минут выпадало не так уж и много. Шла серьезная и кропотливая работа в киноэкспедиции. Там, на берегу Волги, в деревне Судимиры, что в Калининской области, где снимались многие сцены из картины «Член правительства», Вера Петровна Марецкая глубоко окунулась в жизнь, быт и заботы сельчан. Не пренебрегая никакими мелочами. Несколько месяцев, пока шли съемки, прожила в крестьянской избе, наотрез отказавшись от гостиницы. Ходила по деревне в одежде, взятой напрокат у одной из местных жительниц. Лихо била вальком, стирая белье на берегу реки. Выучилась скакать верхом на лошади, сидя на ватнике вместо седла. Пела по вечерам на завалинках бабьи «страдания». Так изо дня в день обрастал деталями, все больше обогащался образ «бабы-министра» Александры Соколовой, вдохновенно сыгранный Марецкой, перед талантом которой я преклоняюсь.

Мне в этой картине выпала роль Никиты Соколова, младшего брата законного супруга Александры. Отличная роль, давно по такой скучал. Мой Никита — первый парень на деревне, душа-человек, удалая головушка, и ничто человеческое ему не чуждо. Отчаянный, смешливый, ухажер и затейник, и в то же время верный и надежный друг. Играть его было — сплошное удовольствие. А уж как мы с Марецкой отплясывали на первой советской свадьбе, что по новому обычаю... Любо-дорого вспомнить!

На всю свою жизнь запомнит Николай Афанасьевич знаменитый монолог Александры Соколовой, прозвучавший в этом фильме с кремлевской трибуны:

— Товарищи депутаты! Вот стою я перед вами, простая русская баба. Малограмотная, мужем битая, попами пуганная, врагами стрелянная. Живучая...

«Никогда и никто, — напишет Крючков, — на моей памяти в кино не произносил больше такой фантастической по глубине своего проникновения речи, как сделала это Александра Соколова — она же Вера Марецкая. И вновь я порадовался своему актерскому счастью — играть рядом с ней, замечательной, глубокой и щедрой, истинно русской актрисой.

А каких нервных затрат стоила Вере Петровне эта речь! Как плакала она на репетиции перед ночной съемкой этой сцены! Не просто высокие слова, всю душу выплеснула Марецкая в тот единственный миг, запечатленный на кинопленке, составивший впоследствии подлинную славу советскому кинематографическому искусству».

И вот через четверть века, в 1965 году, в беседе с Глебом Скороходовым, в присутствии Фаины Раневской, Марецкая вновь возвращается мыслью к своей роли, над которой было пролито столько слез.

— Я посмотрела картину заново. Есть там у меня хорошие куски, но героиня не моя! Не смогла бы я ее сыграть сегодня, Павлик Морозов в юбке. А фанатизм вызывает отвращение, даже когда он только зарождается.

И дальше, свидетельствует Скороходов, Марецкая «неожиданно рассмеялась»:

— Послушайте, это же страшно смешно! Заслуженная или, лучше, народная актриса собралась на свой юбилей — вырядилась, нацепила на грудь все: лауреатские причиндалы, ордена, медали, значок «Ворошиловский стрелок». Гордая и величавая сидит в кресле, обложенная со всех сторон цветами, — представляете? И вдруг в одном из приветствий слышит, что всю жизнь она делала не то, призывала не к тому и вела не туда. Комедия!

Наверное, все-таки в этих рассуждениях Марецкой больше женского кокетства, чем искренней убежденности. Во всяком случае, хотелось бы думать именно так. Иначе не ассоциировалась бы ее роль Соколовой с самой исполнительницей даже спустя десятилетия. Ведь не на пустом месте родилась байка, о которой напомнил тот же Скороходов:

«Когда Раневской стукнуло семьдесят (1964 год), она объявила: «Все. Вступаю в партию!» — «Зачем?» — опешили друзья. «Надо, — твердо сказала Раневская. — Должна же я хоть на старости лет слышать, что эта сука Верка говорит обо мне на партбюро!»

Старая подруга Марецкой, Раневская, конечно же, прекрасно знала, что Вера Петровна никогда в партии не состояла и ни на каких партбюро заседать не могла. Но такова была эмоциональная мощь экранного образа, что отречься от него потом был уже не в силах сам творец, которого зрители воспринимали не иначе как лишь двойника созданного им персонажа.

Так после фильма «Путевка в жизнь» долгое время не только зрители, но и режиссеры видели и узнавали в Михаиле Жарове Жигана; для многих после «Большой жизни» Петр Алейников так и остался Ваней Курским, даже когда он блестяще сыграл роль Пушкина (в кинофильме «Глинка»)... Критики были возмущены: как же так, Ваня Курский — и вдруг на тебе, Пушкин! Ну а у Николая Крючкова после «Трактористов» любвеобильные зрители даже имя сменили и долго еще звали его просто Клим — по имени экранного героя.

Фильм «Трактористы», в котором Крючков сыграл одну из любимейших своих ролей — тракториста Клима Ярко, вышел за несколько месяцев до войны.

Молодой актер создал потрясающий в своей убедительности и искренности образ типичного героя тридцатых годов, который станет для юношей не одного поколения примером для подражания. Ни актер, ни режиссер не ставили перед собой никакой конкретной пропагандистской задачи. Но когда тысячи и тысячи сверстников

Крючкова, как и его экранный герой, пойдут в механизаторы, для него это будет открытием: он увидит, какие огромные возможности таит в себе искусство кино. В следующем году Крючков получит за эту роль орден Ленина, а сам фильм станет частью фольклора современной жизни.

С той поры прошло более шестидесяти лет, а песни героев картины можно услышать и сейчас: «Три танкиста, три веселых друга», «Броня крепка и танки наши быстры», «Здравствуй, милая моя, я тебя дождался...»

Клим Ярко в своей неподдельной простоте и доступности для зрителей был одним из них, и они видели в нем не экранного героя, а родственного им человека, с которым всегда можно и посоветоваться, и поговорить по душам.

Однако кажущаяся простота в искусстве достигается лишь ценой тяжкого труда.

Рассказывают, что, когда впервые выставили картину А. Саврасова «Грачи прилетели», один из посетителей долго любовался ею, а потом не сдержался и воскликнул:

— Как все просто!

И автор, бывший тут же, сказал:

— Будет просто, когда переделаешь раз сто.

Так вот, Николай Афанасьевич, прочитав сценарий «Трактористов» (он назывался «Полюшко-поле»), прежде всего отправился, «соблюдая инкогнито», в одну из бригад машинно-тракторной станции (МТС), чтобы «пробензиниться» вместе со своими будущими героями и почувствовать себя в роли «очень свободно».

— После того как придет ощущение свободы, — говорил он, — а текст будет одухотворен мыслью и чувством, даже так называемый лобовой текст для меня, актера, перестанет быть лобовым. Я сумею погасить свои эмоции.

Крючков был влюблен в своего Клима не только за его «надежность».

— Самое главное, — пояснял он свою мысль, — не из головы сценариста он родился, нет. Таких людей, как Клим, я действительно встретил. Съемки проходили в селе Гурьевке, под Николаевом. И был там один парень, звали его Степан. Сам из демобилизованных красноармейцев, заводила, хлопец что надо. Я из его бригады не вылезал. Пропылился весь, пробензинился, промаслился, но и сам заправским трактористом стал. А главное — люди в моего Клима поверили. Горжусь этой ролью!

А что касается эмоций... Простора для их выражения у Крючкова в картине было предостаточно, как и у его партнеров на съемочной площадке: Марины Ладыниной, Бориса Андреева, Петра Алейникова и других участников фильма, которых собрал под свое крыло Иван Пырьев. Можно сказать, что выход картины на экран был их звездным часом — они стали одними из самых популярных артистов отечественного кино.

Правда, годом раньше Марина Ладынина снялась в фильме того же Ивана Пырьева «Богатая невеста», который имел грандиозный успех, а исполнительница главной роли стала любимицей зрителей. Но сколько же пришлось претерпеть создателям фильма, прежде чем он получил признание! Съемки шли на Украине, и не успели они завершиться, как в местной газете появилась статья с выразительным заголовком «Шкодливый фильм» («Вредный фильм»), в которой авторов фильма обвиняли и в шовинизме, и в извращении украинской жизни, и в искажении украинских национальных реалий!

После этого председателю кинокомитета осталось только наложить на ленту запрет. Но «на всякий случай» все же послали в Кремль. Там ее просмотрели, и она очень понравилась Сталину. Это и решило ее судьбу. «Срочное тиражирование, спешный выпуск, — вспоминала Ладынина. — И нам к двадцатилетию кино — ордена за многострадальную «Богатую невесту».

Петр Алейников до «Трактористов» сыграл уже в четырех фильмах. Два из них («Встречный» и «Крестьяне») сейчас вряд ли кто и вспомнит, а вот «Семеро смелых» забыть нельзя. В этой картине Алейников сыграл роль самого юного участника полярной экспедиции повара Молибоги, который «зайцем» пробрался в трюм судна и таким образом совершил арктический рейс. Постановщик фильма и он же автор сценария Сергей Герасимов писал Молибогу специально для Алейникова и с самого Алейникова: ведь не случайно он даже оставил персонажу имя и отчество актера — Петр Мартынович. С этой ролью он сразу же вошел в большой кинематограф.

А с Крючковым Алейников впервые встретился на съемках фильма «Комсомольск». И они сразу же подружились. Николаю Афанасьевичу нравилась в Алейникове рабочая черточка, которая была характерна для него самого: свободно владеть профессией своего героя.

«Для того чтобы достоверно сыграть членов тракторной бригады, — писал Крючков, — Алейников с Андреевым накануне съемок «Трактористов» выучились водить трактора, поработали механизаторами в совхозе. А чтобы сыграть роль повара Молибоги, Петя брал уроки у известного кулинара. Когда к концу занятий он научился лихо, одним махом, переворачивать на шипящей сковороде десяток оладий, старый повар грустно заметил:

— Эх ты, мог бы человеком стать, а все в артисты какие-то метишь...

Кстати, в фильме «Комсомольск», опять же у своего учителя Сергея Герасимова, Алейников сыграл уже полного своего тезку — комсомольца-энтузиаста Петра Мартыновича Алейникова.

Из «трех богатырей» лишь для Бориса Андреева это был первый выход на съемочную площадку. Пырьев заметил этого типично русского богатыря во вспомогательном составе Саратовского драмтеатра, приехавшего на гастроли в столицу, и не побоялся доверить неопытному актеру в своем фильме одну из главных, к тому же характерных, ролей — Назара Думы, могучего и своенравного бригадира «непутевой» тракторной бригады. Андреев сыграл роль, по определению Крючкова, «этакого куренного атамана, уверенного в своей силе и непобедимости. И не стан у него полевой, а сложная запорожская вольница со своими неписаными законами и более чем своеобразным отношением к дисциплине, порядку».

На съемочной площадке Крючков и познакомился с Андреевым. И скоро их знакомство переросло в большую теплую мужскую дружбу. А первая их встреча не предвещала ничего хорошего.

Дело в том, что Андреев перед кинокамерой очень смущался — просто не знал куда руки деть, мрачно пыхтел, постоянно сдвигал на лоб свою кепку. Кстати, этот жест очень понравился Пырьеву, и он «прописал» его за Назаром.

«Выглядело это, признаться, довольно смешно, — вспомнит Крючков, — и, видать, не раз служило темой для досужих остряков. Я же об этом как-то не подумал и, желая парню одного лишь добра, простодушно и от чистого сердца крикнул ему однажды на всю съемочную площадку:

— Да чего ты все раздуваешься? Куда ж больше, и так вон какой здоровый лось вымахал!

Андреев побагровел:

— Еще один насмешник выискался? Ну, подожди...

Пришлось срочно «тушить пожар». Ведь этот новичок, если уж рассвирепеет, мог все сокрушить на своем пути. И те, кто зло его заедал, долго потом об этом сожалели. Вместе с тем Андреев был незлобив, отходчив и, к чести своей, предельно объективен. Убедившись, что у меня и в мыслях не было желания подтрунивать над ним, он сменил гнев на милость, а со временем вообще перестал «раздуваться» на съемочной площадке. Я же сделал для себя первую педагогическую зарубку: впредь быть поосторожнее с советами начинающим артистам, особенно тогда, когда их не просят».

Андреев преодолел свою робость быстро и скоро перед кинокамерой уже чувствовал себя совершенно свободно, естественно и, казалось, не играл, а продолжал жить своей обычной жизнью.

Эта способность легко входить в образ была присуща всему актерскому составу «Трактористов». Да и о каком «перевоплощении» здесь можно говорить, если каждый из актеров был не только современником своих героев, но и таким же героем своего времени, как и его экранный образ: фабричный гравер-накатчик Николай Крючков, заводской электрослесарь Борис Андреев, воспитанник детской трудовой колонии Петр Алейников, сельская учительница из Сибири Марина Ладынина, которую в шестнадцать лет мобилизовали на борьбу с безграмотностью и она шесть лет сеяла «разумное, доброе, вечное»!

Как говорил Николай Афанасьевич, у всех у них был «ориентир — социальная среда», в которой они родились и выросли.

Но между правдой жизни и правдой искусства «дистанция огромного размера». И здесь «ориентир», каким бы притягательным он ни был, мог служить лишь направлением творческого поиска, который становится бессмысленным без таланта самого поисковика. А все без исключения актеры, отобранные Пырьевым, обладали, без всякого преувеличения, безмерным талантом и, конечно же, не полагались лишь на свой, хотя и богатый, жизненный опыт. Больше всего они опасались выглядеть на экране дилетантами и стремились не казаться профессионалами-трактористами, а быть ими. И им это удалось в полной мере.

Достаточно вспомнить эпизод сева в фильме. Тогда, чтобы не гонять вхолостую (создавать видимость!) машины, они на самом деле засеяли приличное колхозное поле. Они ничего не делали «понарошку» и «приблизительно» хотя бы потому, что им не позволял этого делать весь их накопленный опыт, в котором для фальши и мишуры места не оставалось, Именно поэтому фильм имел потрясающий успех, а его герои стали поистине народными, хотя официально никто из актеров этого звания не получил. Вместо этого после просмотра фильма председатель кинокомитета, бывший воронежский чекист, потребовал вырезать эпизод, который показался ему двусмысленным, и переснять финал «с портретом, да побольше, товарища Сталина». Но эти «ценные указания» уже никак не могли помешать успеху фильма.

Кроме всего прочего, эта лента положила начало большой дружбе Бориса Андреева с Петром Алейниковым. А после того, как сыграли в паре в кинофильме «Большая жизнь» и заслужили безмерную любовь зрителей, они стали неразлучны.

— Молодость и слава слегка пьянили голову, — рассказывает Вл. Соловьев. — Русская удаль, буйство, ребячество, огромные запасы энергии, неуемного веселья рвались наружу. Совершались легкомысленные, забавные, трогательные поступки, по поводу которых сплетничала вся кинематографическая Москва. Спустя десятилетия о них любил рассказывать Николай

Афанасьевич Крючков. В несколько упрощенном варианте, без характерных крючковских интонаций они выглядят так.

Как-то они, Борис и Петя, загуляли, малость покуролесили и попали в милицию. Дежурный составляет протокол. Алейников хорохорится, Андреев стоит набычившись, уставился в протокол. Вдруг спрашивает:

— Вот ты тут все пишешь про нас, а чернил не будет, чем писать станешь?

Тут же взял и выпил все чернила из пузырька. А губы утер промокашкой...

Или история о том, как они знакомились с девушками. Рассказ о женитьбе Бориса Андреева. Его приводит со слов самого Бориса Федоровича кинорежиссер Станислав Говорухин в очерке об Андрееве «Тайна Б. Ф.».

«Едем мы с Петькой Алейниковым в троллейбусе. Не помню уже, о чем зашел спор, только он мне говорит:

— Ну кто за тебя, лаптя деревенского, пойдет? Посмотри на себя.

А я ему:

— Вот назло тебе женюсь. Завтра же женюсь.

— Это на ком же?

— А вот первая девушка, которая войдет в троллейбус, будет моей женой.

Остановка. Входит компания — ребята и девушки, все с коньками. Одна мне приглянулась — чернобровая, кровь с молоком... Кое-как познакомились, навязался провожать. А отец у нее оказался — комиссар! Комиссар милиции! Как узнал об этом:

— Кто? Андреев? Этот пропойца? Да никогда в жизни!»

Но они все-таки поженились. И прожили Борис Федорович вместе с Галиной Васильевной душа в душу без малого пятьдесят лет...

И еще одна, последняя, история, которая характеризует Бориса Андреева. История трогательная, грустная. Подлинная.

Когда летом 1965 года умер Алейников, высшие чиновные власти, распределявшие почетные места в нишах Кремлевский стены и на Новодевичьем кладбище согласно общественному положению усопшего, не сочли нужным предоставить артисту, который так и не получил от правительства ни наград, ни званий, достойного места для захоронения. Тогда Борис Федорович грохнул кулаком перед носом сочинителей загробных табелей о рангах и спросил:

— А вот меня, если помру я, народный, где меня хоронить будете?

— На Новодевичьем, конечно, — ответили ему с испугом.

— Так вот, похороните там вместо меня Петьку Алейникова!

Так оно и случилось. Алейникова похоронили на Новодевичьем, а Андреева вычеркнули из «почетного» списка. Его похоронили на Ваганьковском.

Борис Федорович переживет своего друга на семнадцать лет. И однажды с тоской скажет:

— Не знали, не знали люди, какой он был человек. Для всех — Молибога, Ваня Курский, «ты пришла — меня нашла, а я растерялси!». А он был мыслителем, редкий умница, чистая душа! С ним я чувствовал себя вдвое сильнее, я у него силы черпал. А сам он был раним, остро воспринимал непонимание. На нем ведь тоже был ярлык — Ваня Курский! А он многое, ох как многое мог сыграть!

Опять же вспомним роль Пушкина. По утверждению знатоков, эту роль ни до, ни после него лучше не сыграл никто. Но как же: Ваня Курский — и вдруг на тебе, Пушкин!

Николай Афанасьевич Крючков, один из «трех богатырей», засвидетельствовал:

— Алейников во всех ролях был достоверен, как сама жизнь. Он обладал удивительным талантом соединять свою судьбу с образом исполняемого героя. Эта игра была настолько точной, истинной, что его актерское и человеческое обаяние долгое время оставалось непревзойденным. Таланта — на десятерых и еще останется. Отличный актер, легкий, искристый. Пластика, острая характерность, знаменитая улыбка, неподдельная простота — вот он, Алейников. И в жизни такой же, как на экране.

И здесь снова невольно приходят на память слова Спенсера Трейси о личности: «Я никогда не видел роли, хорошо сыгранной актером, в которой бы не выявилась часть его личности...» Тут комментарии излишни.

«Не знали люди, какой он был человек», — это горькое сожаление Андреева о своем друге относится и к нему самому. Крючков оставит такое свидетельство о своем товарище:

«Поклонникам таланта этого истинно русского, широкого артиста, наверное, невдомек, что Борис Андреев очень любил и охотно собирал меткие народные выражения, пословицы, поговорки. Набрал он их на целую книгу. Но это еще не все. Борис был автором многих афоризмов, в которых четко и образно была выражена квинтэссенция его накапливавшихся годами раздумий и впечатлений, облаченная в энергичную, сжатую, чисто андреевскую форму.

Вот некоторые из них: «Образ — душа, взятая напрокат», «День увлеченности — миг», «День безделья конца не ведает», «Надо быть очень умным, чтобы в нужной мере представиться дураком» — это в ответ на ехидный вопрос, не слишком ли охотно он, Андреев, играет роли простаков».

...Съемки «Трактористов» подходили к концу, когда отгремели бои на Халхин-Голе, в Европе началась Вторая мировая война, и успела закончиться, едва начавшись, война с Финляндией. В мире пахло порохом.

Пырьев заметно нервничал, срывался. Его отношения с актерами достигли высшего напряжения. Особенно доставалось его жене Марине Ладыниной. Как вспоминал те дни Крючков: «Пырьев заставлял ее повторять иные заключительные сцены более двадцати раз подряд... И если бы не наша коллективная помощь и защита, не знаю, чем бы закончился для нее этот съемочный период».

Но все, слава богу, закончилось хорошо, и Ладынина потом скажет о своем партнере самые теплые слова:

— Мне посчастливилось сниматься с Никола-

ем Крючковым только в двух фильмах: «Трактористы» и «Свинарка и пастух». Крючков блеснул
огромным талантом, огромным диапазоном этого
таланта... Это радость, за которую хочется побла-
годарить судьбу, давшую шанс его встретить и
в жизни, и с ним сыграть и сказать: незабываемый, любимый, великий. Это солнце, человек-со-
лнышко.

Гром войны грянул, когда Крючков сыграл
роль разведчика Байкова в своем последнем до-
военном фильме «В тылу врага» — о событиях
войны с белофиннами.

ЛИХОЛЕТЬЕ

*П*осле «Трактористов» до начала Великой Отечественной войны Крючков снялся у разных режиссеров в шести фильмах, в которых сыграл роли рабочего, крестьянина, служащего, разведчика, летчика — то есть людей серьезных, основательных, «без мозоли в голове». И, таким образом, создал определенный положительный образ современника, который стал ассоциироваться с образом самого актера. И когда Пырьев предложил Крючкову роль конюха Кузьмы, незадачливого жениха в кинокомедии «Свинарка и пастух», высокое начальство его не поняло. Режиссера попытались по-отечески вразумить:

— Зачем вы даете Крючкову такие роли? Молодежь его знает, на него равняется, а в каком свете вы хотите его показать? Не надо этого.

Но кинематографическое начальство слишком поторопилось в своем осуждении «легкомысленной» роли Крючкова. И скоро, как увидим, от своих слов отреклось.

Съемки фильма начались в апреле 1941 года, а в июне они уже набирали силу. Николай Афанасьевич посчитал, что наступило время воевать, а не распевать под гармошку разудалые частушки. Тогда многие думали, что война продлится несколько дней, в крайнем случае неделю. Так было

на Халхин-Голе, так было в финскую кампа-
нию — почему бы и на этот раз не разгромить
врага «мощным ударом» на границе? Ну, в крайнем случае, на его же территории. Ведь вместе с
крючковскими экранными героями вся страна
тогда пела:

> Чужой земли мы не хотим ни пяди,
> Но и своей вершка не отдадим!

В феврале 1941 года Николай Афанасьевич
побывает с группой артистов в Брестской крепости, и ее мощные стены и грозные бастионы произ-
ведут на него сильное впечатление. Он воочию
убедится в неприступности наших границ.

Но вот и Брестская крепость останется далеко
в тылу врага, и Украина с Белоруссией.

> Наша поступь тверда
> И врагу никогда
> Не гулять по республикам нашим...

эта популярная песня довоенных лет сразу же и
навсегда прекратит свое существование, так же
как и «Широка страна моя родная». А фронт подходил к Москве.

Крючков рвался в бой, но ему лишь пообеща-
ли записать в народное ополчение после того, как
закончатся съемки. Пырьев вообще решил, что
сейчас не самое лучшее время для занятия коме-
дией, и предложил «заморозить» съемки. Но теперь кинематографическое начальство дало понять режиссеру, что хорошие, добрые комедии
нужны на фронте так же, как и оружие. И, кроме
того, картина воспевает дружбу наших народов,
которая является залогом нашей победы.

В это время на «Мосфильм» возвращается из командировки Владимир Зельдин, игравший в картине роль пастуха Мусаиба.

— В начале лета, — вспоминал он, — мы были на натуре, в экспедиции — Домбай, Кабардино-Балкария. Как раз снимались мои сцены с овцами, с проездами на лошади. Там нас и застала война. Конечно, все были в шоке в первое время. Кое-как перебрались в Москву.

И здесь Зельдин сразу же подает заявление в танковую школу.

А на киностудии наконец принимают решение провести запись в народное ополчение. Подошел к Николаю Афанасьевичу парторг студии и спросил:

— Ну как, Крючков, не передумал вражью силу бить?

— Нет, не передумал. Записывайте в ополчение.

Записали. А через несколько дней приходит он со студии домой, не успел переодеться — звонок в дверь. Входит военный.

— Крючков? — спрашивает.

— Так точно.

— Срочно на сборный пункт.

«На сборном пункте нас оформили, как положено, — расскажет потом Николай Афанасьевич, — выдали по ложке с кружкой. Сидим, ждем, когда на фронт отправят. Ожидание затянулось, и я заснул. В три часа ночи будят:

— Крючков? Выходи! Приказано идти домой.

— А как же ополчение, фронт?

— Ополчение отставить! И никаких разговоров. Шагом марш домой!

Приказ есть приказ, тем более в военное время. И я зашагал по пустынной ночной Москве в обратном направлении. Иду, в голову всякие грустные мысли лезут о несправедливости, горькой своей доле. «Неужели, — думаю, — я так на фронт и не попаду?!»

Приходилось мне впоследствии бывать в составе концертных бригад на разных фронтах, и в госпиталях лежать доводилось, и боевыми наградами был награжден. Многое пришлось пережить в годы войны, через разные испытания пройти, хотя непосредственно в действующей армии так и не довелось служить. Вместо меня служили мои киногерои, и, смею думать, неплохо».

А то, что его работа была нужна бойцам, Крючков убедился очень скоро.

Повезли только что отснятую ленту «В тылу врага» показывать бойцам на передовую, которая в ту пору была в часе езды от Москвы. Ленту крутили в лесу, в старом сарае, под прикрытием боевого охранения.

Актеры очень волновалась, потому что видели, насколько легковесным, наивным был их фильм по сравнению с тем, что происходило в действительности. И что же? Ни слова упрека, ни единой ухмылки. Напротив! Бойцы от души радовались тому, что хотя бы на экране враг терпит поражение, враг повержен! И это придавало им веру в неизбежность победы.

«Да, — заметит Крючков, — таких зрителей надо было еще заслужить».

А наутро, когда вышел из блиндажа, увидел строй уставших солдат, идущих с оружием в руках в окопы. Поздоровался с ними, а они в ответ простуженными голосами — хором:

Три танкиста — три веселых друга,
Экипаж машины боевой!

— В ту минуту, — скажет потом Николай Афанасьевич, — я был на все готов ради этих смертельно измученных, но сильных духом и песней ребят. В атаку бы с ними пошел не задумываясь.

Или такой случай. Приехал он с концертной бригадой в часть, а командир просит:

— Не надо выступать, Николай Афанасьевич, — бойцы устали. Ты сам только покажись, что живой.

И Крючков после таких встреч считал себя обязанным оправдывать доброе отношение к себе зрителей «каждую минуту, всю жизнь».

А между тем съемки «Свинарки» продолжались.

— Фильм был бесконечно мирным и радостным, — воскресит в памяти те дни Крючков. — Но трудно было воплощать эту радость в жизнь. Работать приходилось, когда бушевало пламя войны и были слышны залпы орудий. Днем снимались, а по ночам дежурили, сбрасывали зажигалки, оберегая студию и декорации от пожара. На душе муторно. Москву бомбят, обстреливают, а делать нечего — поешь, пляшешь и не спотыкаешься...

Да и кто из наших людей не испытывал тогда эти же горькие чувства, у кого не наворачивались на глаза слезы отчаяния, которое надо было скрывать!..

Великолепная Марина Ладынина, игравшая роль озорной и веселой свинарки Глаши, и через много лет будет вспоминать то время с душевном трепетом:

— Очень тяжело было изображать перед камерой бурную радость и безудержное веселье, когда у каждого было более чем достаточно причин для слез и отчаяния. Но сколько было естественности, тепла, простоты, темперамента и силы в образе Кузьмы, сыгранного Крючковым! Крючков — безгранично талантливый человек, талант — это чудо. Расставаясь в жизни на долгое время и снова встретясь, мы понимали: не было разлуки, я опять как будто встретила родного человека, друга.

Пройдут десятилетия. Ладынина снова увидит эту картину уже по телевидению и позвонит Крючкову:

— Коленька, как давно это было, а я и сегодня опять влюбилась в тебя, как ты играешь! Как будто первый раз смотрю картину.

И Николай Афанасьевич ответит:

— Ты вот опять, а я всегда был влюблен в тебя.

Они были влюблены творческой любовью партнерства.

— У нас не было никаких огорчений в отношениях, — добавит еще Марина Алексеевна. — То ли нас режиссер объединил и заворожил своим талантом, своей убежденностью, то ли время было такое. Творческая дружба во многом была залогом успеха картины. И еще этот успех объяснялся, конечно, тем, что мы играли тех людей, которые были в нашей стране и окружали нас в жизни.

И эти люди приняли экранных героев как своих живых современников, которые в трудное время не упали духом, не пришли в отчаяние, а поддержали соотечественников и доброй шуткой, и озорной песней. Знаменитую «серенаду» Кузьмы пели тогда и на клубных сценах, и на вечеринках, и во всех дворах:

> Стою один я у окошка,
> Печаль туманит мне глаза.
> Играй, играй, моя гармошка,
> Катись, катись, моя слеза.
> Скажи, скажи, какая сила
> В твоей скрывается груди,
> Зачем ты сердце мне разбила?
> Приди, коварная, приди!

Когда фильм уже вышел на экраны, Пырьев рассказал Крючкову, как родился сам замысел картины. Зашел он как-то с поэтом Виктором Гусевым в антикварный магазин, что на Арбате, и увидел чудесную палехскую шкатулку с изображением свинарки и пастуха. Она их так поразила, что тут же разбудила творческую фантазию. Потому-то вся стилистика фильма, его художественная атмосфера навеяна русским народным творчеством: сказкой, песней, миниатюрой. А роль Глаши в сценарии писалась специально для Ладыниной, актерской манере которой была присуща замечательная черта — сплав реальности и поэзии.

— Ее героиня, свинарка Глаша, — заметит Крючков, — то предстает перед нами как бы персонажем из русской народной сказки, то становится обыкновенной сельской девушкой, похожей на многих своих сверстниц. Она в этом образе сумела раскрыть всю прелесть, душу и величие русской женщины.

Ей в равной мере были к лицу и народная праздничная косынка, и кепка трактористки. Одинаково ловко управлялась Марина с граблями, с колодезным воротом и со стартером мотоцикла. Все это было ей знакомо не по ролям, а по реальной жизни: она выросла в деревне и, естественно, многому научилась там.

И партнера ей Пырьев нашел соответствующего ее роли. Мусаиба должен был сыграть не просто актер-красавец, но еще и певец-танцор, наездник-джигит. Владимир Зельдин был именно таким актером — актером разнопланового дарования, и он с блеском сыграл свою роль.

— Куда было тягаться с ним, — скажет Крючков, — моему Кузьме — простоватому плуту и пройдохе, деревенскому гусару в кургузом пиджачке и с гармонью под мышкой.

Заканчивали снимать эту «жизнерадостную, по-домашнему беззаботную, лубочно-матрешечную комедию», как удачно охарактеризовал ее Вл. Соловьев, а параллельно в тех же декорациях уже снимали сюжеты «Боевых киносборников», в которых участвовали любимые зрителями киногерои: Чапаев Бориса Бабочкина, Стрелка Любови Орловой, Максим Бориса Чиркова, Меньшиков Михаила Жарова, другие известные персонажи, ну и, конечно же, танкист Клим Николая Крючкова.

Седьмого августа 1941 года младший лейтенант Виктор Талалихин применил ночной таран, сбив на подступах к Москве вражеский бомбардировщик. Три дня спустя в Кремле ему вручили «Золотую Звезду» с присвоением звания Героя Советского Союза. Тогда имя его было на устах у всех москвичей.

А в сентябре на «Мосфильме» снимали один из первых выпусков «Боевого киносборника», в котором Крючков играл танкиста. И вот в перерыве между съемками к нему на танк подсел молодой худощавый паренек в летной форме и знаками отличия младшего лейтенанта. Познакомились.

— И я чуть с танка не свалился, — рассказывал Крючков, — это был сам Виктор Талалихин! А к нам на студию посмотреть, как снимается кино, этот легендарный летчик пришел запросто, без высокой награды. Лишь «Золотая Звезды» на полевой гимнастерке. Мы сфотографировались на память, и с тех пор я храню этот снимок как одну из самых дорогих реликвий военного времени.

В тот день мы с Виктором долго не расставались, даже отпраздновали его день рождения в подвале клуба мясокомбината — ему исполнилось двадцать три года. А еще через несколько дней Виктор погиб...

Потом режиссер Юлий Райзман снимет фильм, имевший тогда колоссальный успех, — «Небо Москвы». Роль летчика-истребителя Ильи Стрельцова — прототипа Виктора Талалихина — сыграет в нем Петр Алейников и чудом избежит гибели. Из-под купола высоченного съемочного павильона сорвется вместе с артистом кабина самолета. Алейников в последнюю секунду успеет выпрыгнуть из нее и повиснуть на руках, ухватившись за натянутые канаты.

Работали в те годы на износ не только на предприятиях и на полях, но и на съемочных площадках. Кроме участия в «Боевых киносборниках» и во фронтовых концертных бригадах, Крючков был занят одновременно еще и в четырех картинах! Как это происходило, он расскажет уже после войны сам:

— Распорядок моей жизни в те дни был таков: утром — работа над кинокартиной «Котовский», поскольку почти все съемки велись на натуре, днем — «Антоша Рыбкин», вечером и ночью снимали «Во имя Родины» и «Парня из нашего города». Назавтра все повторялось снова. Съемки шли круглые сутки, и таких суток было ровно двадцать шесть. Ел ли, спал ли — не помню. Зато помню, что на двадцать седьмые сутки свалился от истощения, угодил в госпиталь, где меня кормили с ложечки специальным раствором. Ничего, на ноги быстро поставили. Вышел из госпиталя — и снова на студию. Работа же не могла ждать!

К концу сорок первого года «Мосфильм» перебазировался в Алма-Ату. Ехали долго. Бывало, что эшелон и под бомбежку попадал. Однажды, вспоминал Николай Афанасьевич, во время налета вражеской авиации он выскочил из своего купе и присоединился к товарищам — ведь на миру и смерть не страшна. А когда вернулся, увидел — в пальто, которое висело на вешалке, маленькая дырочка, аккурат на груди. Осколочек прошил ткань насквозь. И как же был рад Крючков, что его самого не оказалось в этом пальто!

Наконец прибыли в Алма-Ату, и оказалось, что там уже разместилась киностудия «Ленфильм». На удобства рассчитывать не приходилось — в тесноте, да не в обиде. Работа поглощала все время.

Позже Николай Афанасьевич вспомнит о том времени:

— «Что такое вас ист дас? Немцы драпают от нас!» — весело распевали мы с Михаилом Жаровым в далекой Алма-Ате, снимаясь в киноконцерте для очередного «Боевого киносборника». И это в то время, когда радио передавало сводку Информбюро: «После напряженных боев наши войска оставили город такой-то» — а этот «такой-то» находился неподалеку от Химок. Так что до «драпанья» было еще ох как далеко! Но наша работа была необходима, и мы веселились, чтобы поднять дух людей.

А когда в съемочной работе появлялся перерыв, актеры сколачивали концертные бригады и выезжали на передовую. Эстрадой становилась броня танков, взлетная полоса полевого аэродрома, а то и вовсе опушка леса. Сколько радости, помню, доставляло раненым бойцам в госпиталях удивительное зрелище: Владимир Канделаки танцует с Галиной Улановой! Мы с Михаилом Жаровым обычно выступали в заключительном отделении концерта. И нередко, уходя со сцены, видели на глазах у зрителей слезы. То были слезы от смеха — одного из самых эффективных исцеляющих средств. Это вам любой врач подтвердить может.

Смех смехом, а однажды «Боевой киносборник» № 8, в котором была новелла «Три танкиста», заставил зрителей изрядно поволноваться. В «экипаж машины боевой» вошли герои фильма «Трактористы»: Борис Андреев, Петр Алейников... А вот вместо Николая Крючкова на экране вдруг появился Марк Бернес!

— А что с Крючковым? Погиб? Убит?..

Зрители хотели знать, что стало с их любимым артистом. Ведь не мог он их оставить в самые трудные дни! А с артистом ничего страшного не произошло. Просто «Киносборник» снимали в Ташкенте, а Николай Афанасьевич был занят на съемках сразу нескольких фильмов в Алма-Ате. И в самом деле: «работа не могла ждать».

Неизменным успехом у зрителей пользовался герой одноименной новеллы неунывающий бравый повар Антоша Рыбкин. Он стал одним из самых любимых солдатских персонажей — наравне с Василием Теркиным. А успехом пользовался этот герой еще и потому, что придумал его, а потом и сыграл добрый, умный и веселый человек Борис Чирков. Борис Петрович был убежден, что юмор стоит иногда не меньше, чем героизм. И он начал придумывать похождения веселого солдата Петушкова, переименованного позже в Рыбкина, который стал вдобавок поваром.

Антоша Рыбкин в исполнении Чиркова необычайно находчивый повар — он способен и из топора кашу сварить, и фашистскую атаку отбить, и товарищей развеселить.

С таким персонажем зрители-бойцы уже не могли расстаться, и по их настоянию вскоре он стал главным действующим лицом уже полнометражной комедийной ленты, в которой Крючков сыграл роль командира подразделения. Это была его вторая встреча с Чирковым на съемочной площадке. Впервые же они встретились еще в 1936 году в кинотрилогии о Максиме.

Здесь же Николай Афанасьевич снова встретился со своим старым другом и партнером Михаилом Жаровым в фильме «Во имя Родины» и в «Боевых киносборниках». А первая их творческая встреча состоялась еще на съемках «Окраины». Уже тогда Жаров был известным актером, сыгравшим десяток ролей в немом кинематографе. Кстати, он сыграл и в первой советской звуковой ленте «Путевка в жизнь» — роль Жигана. После этого мальчишки на улицах почти всех городов играли в Мустафу и Жигана и распевали популярную тогда песенку:

Мустафа дорогу строил,
Мустафа по ней ходил,
Мустафа по ней поехал,
А Жиган его убил.

Николай Афанасьевич питал к Жарову чувства, близкие родственным.

— Во время работы над картиной «Окраина» Жаров очень тепло отнесся ко мне, помогал и делом, и добрым советом. Мы подружились. И если с тех пор я считаю Бориса Васильевича Барнета своим крестным отцом в кино, то Михаила Ивановича Жарова — своим старшим братом. Но хоть ни внешностью, ни характером, ни темпераментом мы с Жаровым абсолютно не были похожи, все же, думаю, наши герои чем-то внутренне походили друг на друга. Как-никак люди одной эпохи.

Жаров был старше Крючкова на одиннадцать лет, стоял у истоков русской кинематографии:

ведь он еще участвовал в съемках фильма «Псковитянка», правда, в роли статиста, в котором роль царя Ивана Грозного исполнял великий Федор Иванович Шаляпин! А это было в 1915 году.

На всем своем длинном творческом пути Жаров всегда оставался самим собой — и узнаваемым, и достоверным в каждой роли.

— Порой актер играет свою роль, — заметил по этому поводу Крючков, — а ты видишь, что он притворяется. У Жарова такого в принципе не могло быть. Почему? Да потому что Жаров — это самобытность, это личность как в искусстве, так и в жизни.

Опять — личность! Видно, никуда от нее не деться, ибо она сама по себе уже служит веским аргументом в бесконечных словопрениях о выборе художника — быть или казаться.

Прекрасно пояснил эту мысль Марк Кушнирович в своем очерке о Жарове:

«То был актер, сумевший силой своего таланта приподнять себя над нормативными догмами тоталитарного искусства! Да, он был звездой сталинского кинематографа. Как и многие другие, талантливые и популярные. Но вот ведь какая штука: самыми популярными были тогда не те, кто наиболее отвечал плакатному типу, но те, в ком ощущалось больше стихийности, бесшабашной лихости, чисто житейской хватки и юмора, — Крючков, Чирков, Алейников. И, конечно же, Жаров. Как и все прочие, он даже намеком не выразился против советской власти — упаси бог! Однако и он, и только что упомянутые, в ком не так ощущалась официозная безупречность, сами собой являли достаточно веский аргумент в пользу необязательности тотального подчинения правилам и предписаниям бесчеловечного режима».

И все же в то необычно трудное военное лихолетье судьба подарила Крючкову не только радость постоянного творческого общения со старыми друзьями и товарищами, но и новые знакомства с прекрасными актерами, дружбу с которыми он сохранит потом на всю жизнь. Здесь он впервые встретится в работе над фильмом «Парень из нашего города» с замечательной актрисой Лидией Смирновой, с которой через сорок четыре года продолжит эту кинолетопись любви в картине «Верую в любовь». В обеих этих лентах Крючков сыграет роль Сергея Луконина, а Смирнова — роль Вари. Но это будет потом...

— Для того чтобы увидеть и понять, что же было вначале, — скажет о своем любимом герое Николай Афанасьевич, — из чего сложился образ Сергея Луконина и отчего он стал таким дорогим, близким и понятным для моих ровесников, «парнем из нашего города», нашего двора, нашего дома, перенесемся в то время, когда на устах у всех нас было одно только слово — «Испания».

Истекающая кровью Испанская Республика. Рвущиеся к Мадриду, сеющие смерть на своем пути моторизованные банды фашистских головорезов. Мужественные бойцы-интернационалисты из многих стран мира, не побоявшиеся бросить вызов коричневой чуме. Вскинутые руки, сжатые кулаки: «Но пасаран! Они не пройдут!» Смуглолицые испанские дети на улицах Москвы. Молодые красные командиры с орденами на гимнастерках и ранней не по годам сединой. Первые

Герои Советского Союза, первые похоронки... Вот приметы тех лет.

Гражданская война в Испании завершилась в марте 1939 года, а ровно через два года — в марте сорок первого — на сцене Театра имени Ленинского комсомола состоялась премьера спектакля «Парень из нашего города» по пьесе Константина Симонова.

— Появление на сцене Сергея Луконина, — вспомнит позже Крючков, — было для зрителей настоящим событием, небывалым доселе откровением. Впервые театральным персонажем стал воевавший в Испании боец-интернационалист со Звездой Героя Советского Союза на груди. Такого театральное искусство нашей страны еще не знало.

А вскоре был готов сценарий, и фильм запустили в производство. Он вышел на экраны уже в 1942 году и имел потрясающий успех.

Благодаря Сергею Луконину и отчасти Климу Ярко кинозрители-танкисты причислили Крючкова к своему роду войск. А «узаконил» это прославленный ас танковых атак маршал М. Катуков, который как-то сказал Крючкову:

— Здравствуйте, товарищ танкист!

А генерал армии В. Говоров вспомнит: «Крючков-Луконин надолго стал для нас путеводной звездой, по крайней мере мы стремились быть похожими на него».

Для самого же Николая Афанасьевича роль Луконина останется «самой любимейшей»:

— Я вложил в нее все, чем владел, о чем мечтал, во что верил. В жизни всякого человека рано или поздно наступает миг, великий и неповторимый, который ты подспудно всегда ждал, — миг, ради которого ты, быть может, и на свет родился. Миг, испытав который можно остаток отпущенных жизнью лет прожить с чувством выполненного долга… И ради этого, право же, стоило девять дублей подряд ползти сквозь горящие заросли, захлебываясь в гнилом болоте, не обращая внимания на падающие на голову пылающие ветки…

«За создание средствами искусства замечательных образов советских воинов» Николай Афанасьевич Крючков будет награжден военным орденом Красной Звезды — пожалуй, исключительный случай в артистической среде!

Для Лидии Смирновой, сыгравшей роль Вари, это была вторая большая работа в кино. Ей довелось играть роль молодой любящей женщины, убежденной в великой силе любви, способной преодолеть даже смерть:

> Жди меня, и я вернусь
> Всем смертям назло.
> Кто не ждал меня, тот пусть
> Скажет: «Повезло!»
> Не понять не ждавшим им,
> Как среди огня
> Обещанием своим
> Ты спасла меня.
> Как я выжил, будем знать
> Только мы с тобой.
> Просто ты умела ждать,
> Как никто другой.

Варя читала эти симоновские стихи в госпитале раненым бойцам и заряжала их своей верой и неподдельной искренностью чувств. И никто из зрителей даже и мысли допустить не мог, что сама-то актриса Лидия Николаевна Смирнова знала, что ее муж, с которым она прожила восемь лет, никогда уже не вернется — он погиб в самом начале войны...

Вот такие драматические узлы завязывала война, когда вымысел и действительность так переплетались между собой, что невозможно было отделить одно от другого. Да никто и не пытался анатомировать этот сплав: ведь люди верят в то, во что им хочется верить.

А между тем жизнь продолжалась. И здесь же, в Алма-Ате, на съемках прекрасного фильма Фридриха Эрмлера «Она защищает Родину», где Смирнова сыграла роль деревенской девушки Феньки, случилось то, что, в общем-то, и должно было когда-то случиться. Об этом хорошо рассказал с присущей ему скромностью Глеб Скороходов:

«Съемки велись в единственном павильоне, время которого было расписано по минутам, шли днем и ночью. Кинематографисты жили в доме, который сами же прозвали «лауреатником»: в нем расположились только именитые. Смирновой случайно досталась здесь крохотная комнатка — ее она делила с подругой. И скоро Лида получила сразу два предложения «руки и сердца» — от режиссера-постановщика Фридриха Эрмлера и от оператора той же ленты Владимира Раппопорта. Сватом с эрмлеровской стороны выступал Михоэлс, убедительно доказывавший настоятельную необходимость Смирновой стать женой замечательного режиссера и человека, сватовством со стороны Раппопорта занялась Вера Марецкая.

И тут случай. Обычные актеры жили впроголодь на «рабочую» карточку. Именитые, а к ним относились оба смирновских претендента, получали спецпайки.

— Лидочка, я принес вам два яичка из пайка на завтрак. Подкрепитесь — вы стали такой бледненькой, — появился в комнате, где жила Смирнова, Фридрих Эрмлер.

Через несколько минут после этого в дверях остановился Владимир Раппопорт с кошелкой в руках.

— Лида, это мой паек — возьми его, тебе нужнее.

Марецкая, наблюдавшая эти сцены, решительно сказала:

— Вот видишь, один тебе будет всю жизнь таскать два яичка, другой — отдаст все! Выбирай.

Лида стала женой Раппопорта.

— Сердце подсказало, — объясняла она потом свой выбор.

И долгие годы жила с ним душа в душу. Он бережно относился ко всему, что делала супруга, хотя снимал ее всего в четырех фильмах. Собирал в специальные альбомы все ее фотографии, все рецензии по каждой картине. До конца своих дней оставался Лиде верным другом...»

Вот такая удивительная история, от которой почему-то хочется плакать. Наверное, потому, что светлое и чистое чувство всегда вызывает слезы умиления. И, конечно же, сами по себе ни куриные, ни перепелиные яички не имеют ко всему этому никакого отношения.

Но вернемся к «парню из нашего города» — Николаю Афанасьевичу Крючкову. Сорок лет спустя Лидия Смирнова скажет о своем партнере самые добрые и проникновенные слова:

— Никогда не забыть мне тот памятный сорок первый год. Мы жили в тесноте, в холоде, работали в ночную смену (не хватало помещений), в нетопленых павильонах, мечтая о стакане горячего чая. Случалось, в гриме уходили домой и валились без сил.

А сводки с фронтов приходили тревожные... Именно тогда я узнала удивительного Крючкова-оптимиста. В нем всегда было так необходимое многим из нас начало — воля, вера, юмор, душевная поддержка. Я думаю о Сергее Луконине, которого сыграл Николай Афанасьевич. Будь сам Крючков другим, в тех суровых обстоятельствах военных лет едва ли удалось бы ему воплотить в своем герое лучшие черты советского человека, воина...

Лучшего партнера я не встречала. Меньше всего Крючков заботится о том, как будет выглядеть в кадре. Он всегда думает о партнере, всей душой стремится помочь ему. На съемочной площадке часто случается, что партнер Николая Афанасьевича, не знающий, как сыграть конкретную сцену, встретится глазами с ним — и все становится на свои места.

У тех, кто впервые оказался на съемочной площадке, может создаться ошибочное впечатление, что он работает без особого напряжения.

Этакая легкость, за которой, кажется, и труда никакого нет. Но именно труд — упорный, серьезный, подвижнический труд актера — рождает эту легкость, внешнюю и внутреннюю свободу на площадке.

Вот и вспомним еще раз крылатую фразу художника А. Саврасова: «Будет просто, когда переделаешь раз сто». Эта кажущаяся «простота» и придавала Николаю Афанасьевичу «ощущение свободы», в которой он чувствовал себя полностью раскрепощенным от условностей искусства и жил полнокровной жизнью своих героев.

Отсюда и органичность таланта Крючкова, о чем уже много говорили и писали, его природное соответствие своим героям. Николай Афанасьевич соглашался с этим, но с небольшим уточнением: одной природной органичности не хватит на всю жизнь. «Ее накапливать надо, воспитывать, пополнять, обновлять жизненным опытом».

Образ Сергея Луконина создавался на довоенных представлениях о войне. Он был овеян пафосом, романтической приподнятостью, совершенной уверенностью в своей неуязвимости. Таким его и сыграл Крючков.

Жесткая и жестокая правда войны сняла с нее покров романтики. И эта обнаженная правда потребовала новых героев.

В самые трудные дни летней военной кампании 1942 года газета «Правда» стала печатать из номера в номер пьесу Александра Корнейчука «Фронт», в которой автор резко критиковал через образ генерала Горлова устаревшие способы ведения войны.

Собственно, конфликт, обозначенный в пьесе, должен был решать еще до войны сам Верховный Главнокомандующий, а не перепоручать его войсковому политработнику полковнику Корнейчуку. Тем более расхожий банальный конфликт новатора с консерватором здесь, в конкретном случае, нес в себе общенациональную зловеще-трагическую окраску и не мог быть разрешен на театральных подмостках. Когда же пьесу экранизируют в конце 1943 года, ее общественная, политическая и познавательная значимость будет равна нулю, а драматургический конфликт уже не представит никакого интереса.

«Фильм вышел на экраны кинотеатров, — напишет Крючков, — когда уже отгремела Сталинградская битва, позади было великое сражение на Курской дуге, освобожден от захватчиков Киев, когда Советская Армия неудержимо шла на запад. Многое из того, что так волновало авторов картины и весь наш съемочный коллектив, утратило свою сиюминутную значимость. Но не устарело в фильме, да и никогда не может устареть то, что связано не со спорами генералов, а с войной, с тяжелой кровавой работой на войне, с гибелью батареи гвардии старшего лейтенанта Сергея Горлова».

Эту роль сына бездарного генерала в сценарии допишут специально для Крючкова. Этот персонаж и должен был, по мысли сценаристов, представлять собою новый тип героя, рожденного войной.

Таким образом, Николай Афанасьевич снимался одновременно в двух совершенно не схожих ролях: Сергея Луконина и Сергея Горлова, за которым был уже опыт трагических месяцев войны. Поэтому у него начисто отсутствовали луконинские прекраснодушие, романтика, пафос «жди меня, и я вернусь». У старшего лейтенанта Горлова не было такой уверенности, да он и не задумывался, вернется он или не вернется. В сущности, он был фаталистом, для которого исполнение воинского долга ставилось превыше всего. Поэтому его героический подвиг стал кульминацией всего фильма. И Крючков показал в этой сцене не гибель героя, а честное исполнение им своего долга.

Сам Николай Афанасьевич тоже честно относился к исполнению своего профессионального долга. На всю жизнь запомнил он глаза двух молоденьких солдат, когда выступал перед ранеными в бакинском госпитале. У них на двоих было две руки. И они с азартом хлопали в эти две руки и хохотали до слез, а у артиста — комок в горле. Поэтому и не мог он не по-настоящему воевать в своих фильмах и никогда не пользовался услугами дублеров. Не обратился он к их помощи и в трагической сцене гибели своего героя.

«На съемках «Фронта», — рассказывал он, — мой Сережа Горлов один на один с гранатами на танк выходит. «А что, Коля, — сказал вдруг режиссер Сергей Васильев, — не слабо и в самом деле под танк лечь?» «Надо, так лягу», — отвечаю.

Вырыли мне ямку и успокоили: сказали, что

грунт твердый и все обойдется. В эту ямку я должен был, как только машина на меня наедет, вовремя упасть. И вот я иду с гранатами во весь рост на фашистский танк, и такая злоба меня охватила.

— Не пройдешь, гад! — кричу я ему, бросаю связку гранат и прыгаю в эту ямку.

Танк прошел, но меня всего землей засыпало — не таким уж и твердым оказался грунт тот самый. И вот лежу я, засыпанный, а в голове шальная мысль: ну раз, думаю, мой герой погиб, почему бы мне не сыграть эту роль до конца?

С грехом пополам меня откопали, и тут на меня настоящий страх навалился: ведь действительно под танком лежал... А в момент съемки все было отключено, у меня была одна задача — врага не пропустить.

Пришел я в гримерную и вижу в зеркале, как сквозь слой грима, грязи, копоти проступает смертельная белизна. Сознание опасности пришло потом, когда все кончилось. Наверное, и в жизни так было, когда люди шли на последнюю решительную схватку, не думая, не умея в ту минуту думать о последствиях».

И все же при несомненной актерской удаче роль старшего лейтенанта Горлова не стала для Крючкова такой же «любимейшей», как роль Сережи Луконина. Не запомнилась она и зрителям — заданность литературного персонажа, его рассудочность, откровенная официозная плакатность слишком уж явно напоминали повзрослевшего, но не изменившего своим убеждениям незабвенной памяти Павлика Морозова. Так же, как и пионер Павлик, Горлов-младший «не поддается чувству родства», чем умилился один генерал-критик, и во всеуслышание заявляет о командующем фронтом: «А старик, мой отец, недалекий человек», что в ту пору было равносильно доносу.

Впрочем, прототипы этого «недалекого человека» (Тимошенко, Буденный, Ворошилов и др.) благополучно пережили войну, объяснили своим бездарным командованием фронтами «синдром Горлова» и уже в мирное время стали получать звания Героев Советского Союза — одни в 70 лет, другие — в 85, а третьи — даже в 87. Вот уж поистине — герои не стареют. И для чего, и для кого тогда нужно было ставить спектакли, выпускать фильмы?..

А вот Сергей Горлов — Николай Крючков — бросился с гранатами под танк. И погиб. Артиста, слава богу, откопали...

И все же, чтобы не заканчивать этот рассказ на печальной ноте, вспомним песню из «Фронта», где есть такие строки:

Грозное время промчится,
Снова вернусь я домой.
Верь, ничего не случится,
Друг мой далекий родной.

Но эта вдруг обретенная героем вера в возвращение домой — не заслуга сценаристов и поэтов. Ни в пьесе, ни в сценарии этой песни нет. Николай Афанасьевич, конечно же, сам прекрасно чувствовал, что образ Горлова-младшего засушен, как листок в гербарии, и, чтобы хоть немного оживить его, наполнить жизненными соками, сочинил вместе со звукооператором фильма Виктором Зориным текст, а музыку подобрал сам. Назвали ее «Вязаный шарф голубой», и очень уж она напоминала «Синенький скромный платочек» и темой, и стихотворным размером:

Помнишь сентябрьский вечер,
Дачный вокзал под Москвой,
Нашу прощальную встречу
Хмурой осенней порой...
Поезд к перрону подходит,
Мы расстаемся с тобой.
Ты на прощанье мне даришь
Вязаный шарф голубой...

— Отзвучит песня, — объяснит потом Николай Афанасьевич ее эмоциональное значение в фильме, — и начнется бой. Последний бой, смертельный. И когда все его орудийцы склонят голову на стылую землю у своих развороченных пушек, встанет лейтенант Сергей Горлов в полный рост и пойдет с гранатами на фашистский танк. Погибнет просто, как и пел. Не из порыва искупить собственной смертью вину отца, а единственно из чувства долга русского солдата, защищающего свою землю.

У Николая Афанасьевича в отличие от сценаристов было свое понимание чувства прекрасного, и, как всегда, оно оказалось безошибочным. Горлов-младший только перед гибелью обрел «душу живую», которую вдохнул в него артист, и она осветила всю жизнь бунтаря-лейтенанта солнечным светом.

Так что если бы не эта творческая находка

Крючкова, то образ Сергея Горлова вообще не остался бы в памяти зрителей. А уж о явлении нового героя вообще несерьезно говорить.

Кстати, история с песней «Вязаный шарф голубой» послужила некоторым образом началом «композиторской» деятельности Крючкова.

«Композитор Гавриил Попов, — вспоминал Николай Афанасьевич, — принимавший участие в работе над этой лентой, был симфонистом, песен не писал, но наше творчество одобрил и все, помнится, предлагал:

— Запиши ноты, Коля, в соавторы возьму.

А я все отмахивался:

— Да ну, не мое это дело — музыку писать.

И все же случилось, что я и взаправду в «композиторы» попал. Черным по белому на листовках, отпечатанных в 1943 году в Алма-Ате ко Дню танкиста, значилось: «Стихи Натальи Кончаловской, музыка Николая Крючкова». Листовки разбрасывали с самолета, и все пели:

> В бой пойдем мы бесстрашно и твердо,
> Земляки нас проводят в поход.
> Это парень из нашего города
> Головную машину ведет.

И еще. Нельзя не напомнить о том, что в этом фильме Крючков впервые встретился на съемках с замечательным артистом Борисом Бабочкиным, сыгравшим роль генерала Огнева. За девять лет до этого Борис Андреевич снялся в картине «Чапаев», и с тех пор эти два имени станут неразрывны. Когда кинозритель слышит фамилию Бабочкин, она у него сразу же ассоциируется с другой — Чапаев.

Когда фильм вышел на экраны столицы, на улицах можно было увидеть колонны людей с транспарантами «Мы идем смотреть «Чапаева».

И ведь что интересно: игра Бабочкина, внешне не похожего на своего прототипа, была настолько убедительной и достоверной, что артист воспринимался людьми, знавшими лично Василия Ивановича, более реальным и земным, чем сам Чапаев. Сослуживцы легендарного комдива, когда им показывали подлинный портрет Чапаева, не признавали своего соратника: «Не похож!» — утверждали они в один голос, так как перед ними сразу же возникал экранный образ.

А маршал Тухачевский определенно заявил:

— Образ Чапаева в передаче товарища Бабочкина верен не только объективно. Чапаев такой, каким он был, такой, каким я видел его под Бугурусланом и Уфой, встает перед глазами как живой.

Сотни ролей были сыграны Борисом Андреевичем в театре и кино, но в памяти зрителей навсегда остался в его исполнении образ Василия Ивановича Чапаева. И, конечно же, мертворожденная роль генерала Огнева ничего нового не могла добавить к славе великолепного артиста.

Кинорежиссер Иван Пырьев был убежден:

— Николай Афанасьевич мог выполнить любую актерскую задачу, связанную с трудовыми и боевыми действиями героев. В фильме «Трактористы» он должен был работать на тракторе, ездить на мотоцикле, на автомобиле, играть на баяне, петь и плясать. И все это делал сам — почти без тренажа, что называется, с ходу. Мне кажется, что, если бы ему нужно было по ходу роли взлететь на самолете, он бы сделал это не задумываясь.

Неизвестно, задумывался ли он или не слишком, когда все-таки поднял «По-2», именуемый в народе «кукурузником», в воздух.

Все — сам, всегда — сам. Оттого-то у него и был солидный «послужной» список травм, о которых он говорил коротко: «Ломал руки и ноги двенадцать раз, обжигал глаза, потерял зубы, заработал ревматизм».

Кстати, о зубах. Сын замечательного артиста Сергея Столярова (кто не помнит знаменитый фильм «Цирк», где он сыграл главную роль!), тоже прекрасный артист Кирилл Столяров, как-то рассказал забавный случай. Сидел он в театральном буфете, когда к нему подсел Николай Афанасьевич. И Кирилл стал угощать его пряниками:

— Возьмите пряник. Очень вкусный.
— Нет, не могу, старик.
— Хороший пряник, попробуйте.
— Не могу, старик, — зуб болит...
— Какой?
— Какой, какой... Вот этот вот!

Крючков вытащил вставную челюсть и ткнул в нее пальцем.

Можно было, конечно, и пошутить над мнимой болью, но, когда она становится осязаемой и невыносимой и к ней еще примешивается боль за своего товарища, она становится жестоким испытанием.

Жизнь свела Николая Афанасьевича с человеком трагической судьбы — режиссером Владимиром Николаевичем Скуйбиным. Он снял всего четыре картины, в двух из которых («Жестокость» и «Суд») участвовал Крючков. И прожил Скуйбин всего тридцать четыре года. Все знали и сам он знал, что дни его сочтены, — неизлечимая болезнь неотвратимо сковывала все тело этого красивого и сильного человека. Когда он снимал свою последнюю картину «Суд», пальцы его уже онемели, и машина с ним въезжала прямо в павильон...

Владимир Николаевич оставил нам прекрасную статью о Крючкове — искреннее признание в любви к актеру, с которым он снял свои лучшие фильмы.

«Актерские качества Крючкова, — писал он, — неразрывно связаны с его человеческими качествами. Я помню, как на «Жестокости» во время обострившегося тромбофлебита ему приходилось целые дни проводить в седле, да еще на морозе. Он ни за что не соглашался прервать съемки. А в фильме «Суд» ему пришлось много раз прыгать в ледяную воду. На третьем дубле актер сломал ногу. И вот — больница, гипс. Но на второй день Крючков снова на съемке, на костылях. Мы снимали крупные планы. И когда через пару дней крупных планов уже не стало, Крючков ножом распиливает гипс и продолжает сниматься...»

Чтобы хоть как-то утишить нестерпимую боль в ноге, Николай Афанасьевич просил только раскладушку после отснятого дубля. Он понимал, что, если приостановить съемку, Скуйбин фильм не закончит...

Николаю Афанасьевичу было уже за семьдесят, когда режиссер фильма «Особо важное задание» Евгений Матвеев решил его пожалеть.

— Предстояло снять эпизод, — рассказывал Евгений Семенович — в котором герой Крючкова вскакивает на крыло самолета. Зная, что Николай Афанасьевич дважды на съемках («Море студеное» и «Суд») ломал ногу, и учитывая его возраст, я распорядился приставить к самолету стремянку. «Ты что? — обиделся Крючков. — Рано еще жалеть меня и щадить». И, прыгнув, вскочил на крыло самолета. И никто не знал, чего ему это стоило. После съемок подошел ко мне и улыбнулся: «А ты говорил...»

Многие ему чего только не говорили, но уговорить так и не могли, если он чувствовал, что будет нарушена правда жизни.

В «Брестской крепости» герой Крючкова, немолодой уже старшина Кухарьков, выбегает из казармы босиком, в галифе и в одной нижней рубашке, потому что не успевает надеть гимнастерку. Крепость уже бомбят, все вокруг усеяно битым кирпичом. А Кухарькову-Крючкову предстоит с километр бежать по этим острым осколкам.

— Николай Афанасьевич, наденьте сапоги.

— Не надо!

— Наденьте! Ведь все равно ноги не в кадре.

— Нет уж! Без «липы»!

Так и побежал. Километр по битому кирпичу. Босиком.

А когда снимали кинокомедию «Станица Дальняя», пригодился Николаю Афанасьевичу и опыт, приобретенный им в кавалерийском полку, что стоял на Ходынке и где его обучали кавалеристы доброму обращению с лошадьми и вольтижировке.

Съемки проходили в станице Казанской под Майкопом. Крючкову в роли лихого казака Мишки предстояло не только гарцевать и скакать на коне, но и преодолевать нелегкие препятствия. И, конечно же, Николай Афанасьевич никак не мог позволить себе, чтобы этим занимался за него какой-то дублер.

На конезаводе выделили артистам лошадей и дали в помощь конюха. Пришли москвичи в конюшню, и Крючков сразу же приметил одного красавца.

— Этого? Туриста?.. — возмутился конюх. — Да это же конь лично для товарища Буденного! И чтобы я его в руки артистам?..

— Но попробовать можно? — попросил Крючков.

— Ежели только попробовать, — смилостивился конюх и разрешил артисту пообщаться с конем.

Посмотрел хозяин опытным глазом, как обхаживает Крючков коня, и сдался.

— Этому, — сказал, — доверяю: прямо настоящий казак!

«На буденновском Туристе, — вспоминал Николай Афанасьевич, — я тогда и через свадебный стол перескакивал, и совершал еще много забавных «подвигов».

Вряд ли Николаю Афанасьевичу удалось бы совершить много экранных «подвигов», требующих основательной физической подготовки, если бы не его увлечение спортом, которому он никогда не изменял, начиная со спортивного кружка «Трехгорки». И своими спортивными знаками он гордился не меньше, чем орденами.

— У меня есть спортивный знак «Ветеран ДСО «Спартак», — хвалился он. — Видимо, за верность обществу, за то, что я самый преданный болельщик «Спартака». Ведь эта футбольная команда родилась на моей Пресне. В те времена она так и называлась — «Красная Пресня». Нас, молодых рабочих, буквально околдовала яркая, неповторимая игра Николая Старостина, Петра Исакова, Павла Канунникова... Сколько с тех пор составов сменилось, но команду по-прежнему люблю.

Замечательный тенор солист Большого театра Зураб Соткилава рассказывал:

— С первой встречи мы с Николаем Афанасьевичем как-то очень естественно перешли на «ты», разговаривали, будто давно знаем друг друга. Думаю, что сблизила нас и общая любовь к футболу. Оказалось, что Николай Афанасьевич не только помнит мои выступления в Москве в составе тбилисского «Динамо», но у нас и общие футбольные кумиры.

Не случайно Крючкова, семидесятилетнего страстного болельщика, газета «Неделя» избрала членом Олимпийского общественного совета. Ведь он не пропускал ни одного футбольного, ни одного боксерского турнира на приз «Недели». А уж что говорить о хоккейном турнире на приз «Известий»!

— Спорт, — говорил он, — помогает почувствовать прилив сил и иногда даже превзойти самого себя. Смотрю я на иных — целыми днями торчат в поликлинике. А меня туда не затащишь, я от хождения по кабинетам заболеваю. Довелось както в больницу попасть, уговорили лечь на обследование, так я до конца срока там не выдержал, дал деру, в чем был — в пижаме, в тапочках. Благо такси подвернулось и шофер знакомый. Меня ведь после фильма «Горожане» произвели в почетные таксисты Москвы.

Вот Николай Афанасьевич упомянул «знакомого» шофера. Да для него все были «знакомыми»! Всенародный любимец, он отвечал любовью на любовь, и для него все были близкими и родными. Видимо, именно поэтому он никогда не держал чиновную дистанцию между собой и своим собеседником, кем бы он ни был — важным партийным функционером или простым колхозником. Главное — был бы достойный человек.

В ту пору, когда Николай Афанасьевич познакомился с Сергеем Эйзенштейном, тот был уже всемирно признанным режиссером, выдающимся теоретиком кино, профессором ВГИКа. Перед ним все трепетали и преклонялись. А что же Крючков? Он к нему обращался так же, как и ко всем своим «знакомым». Кому-то это показалось непозволительным панибратством, и он решил обратить на это внимание самого живого классика:

— Сергей Михайлович, почему вы позволяете Крючкову обращаться к вам на «ты»?

— Видите ли, — ответил Эйзенштейн, — Коля у нас человек простой. Для него, если много, то «вы», а если один — «ты».

Крючков был на «ты» даже с птичками. Как-то он загнал лодку в камыши, собираясь порыбачить, и спугнул камышевку. Николай Афанасьевич посмотрел внимательнее и увидел гнездо с птенцами. И тогда он поделился с птичкой червячком. Сперва она недоверчиво отнеслась к подарку, но потом все-таки склюнула его и унесла в гнездо. А скоро они перешли на «ты», и камышевка уже безбоязненно принимала подарки от доброго рыбака.

— Правда, — сознавался Николай Афанасьевич, — из рук так и не осмелилась брать, опасалась — мало ли что! А ведь она была единственной кормилицей в семье. Ответственность чувствовала. А как же!

Свое знаменитое «а как же!» он всегда выговаривал с неподражаемой интонацией, многозначительной растяжкой и с задушевной внутренней теплотой.

Кинорежиссер Станислав Говорухин как-то говорил, имея в виду Крючкова:

— У нас, в кругу «киношников», расхожа поговорка «хороший человек — не профессия». Это грубая неправда. Еще какая профессия! Главная профессия на земле — быть человеком.

И рассказал историю, случившуюся зимой во время съемки фильма «День ангела» на Черном море.

Промозглая погода с раннего утра действовала угнетающе и на актеров, и на всю съемочную группу. А нужно было снимать «утренний режим».

— Декабрь, семь утра, — вспоминал Говорухин. — Помреж растолкала меня, я быстро оделся, поеживаясь от холода, поднялся на капитанский мостик. Оператор уже поставил свет, актеры загримированы и одеты. Смотрю — и Крючков стоит. Спиной ко мне, вполоборота. На нем морской китель, виден кусочек наклеенного уса. Я набросился на Олю, помрежа.

— Зачем же Крючкова разбудили? Его же нет в этой сцене...

Она как-то странно смотрит на меня, в глазах веселые бесенята.

Тут Крючков поворачивается ко мне. И что я вижу! Одна половина его лица, повернутая ко мне, действительно загримирована, а другая... Что только не наклеено на щеке — и большая бородавка, и рыжая бакенбарда... Актеры ржут, группа ржет — провели режиссера!

И все изменилось. Стало веселее, исчез пронизывающий холод, и дело пошло — закружились «шарики», что-то стало придумываться.

Это его, Крючкова, и таких, как он, имел в виду Борис Андреев, когда говорил: «Мир без шутки и фантазии — разве это мир?!»

Никто из знавших Николая Афанасьевича на протяжении десятков лет не припомнит случая, чтобы он в какой-то критической ситуации растерялся, потерял присутствие духа. Не было такого никогда!

Журналист Борис Виленкин, будучи корреспондентом журнала «Советский экран», сопровождал в 1961 году делегацию работников кино на народный кинофестиваль в целинном крае.

Среди его участников был и Николай Афанасьевич.

Программа фестиваля была необычайно на-
пряженной. Артистам приходилось выступать по
нескольку раз в день, мотаясь по необъятным це-
линным просторам из одного конца в другой.

— И вот там с нами произошел небольшой случай, — вспоминал журналист. — Николай Афанасьевич, Изольда Извицкая, режиссер
Татьяна Лиознова и я ехали в «газике» на очеред-
ную встречу с тружениками совхоза «Романов-
ка». Вечерело. Неожиданно поднялся буран.
Фары выхватывали из темноты лишь белый зана-
вес пурги. Мокрым снегом закидало свечи двига-
теля, он захлебнулся и заглох. Машина быстро
превращалась в сугроб. У нас коченели ноги,
упорно клонило ко сну. А ветер все гудел и гудел
за окнами холодной и темной машины. Трудно
сказать, чем бы все это для нас кончилось, если
бы не неиссякаемый юмор Николая Афанасьевича. В кромешной тьме все время слышался его го-
ворок, сыпались остроты. А затем он вдруг запел:

> Степь да степь круго-ом,
> Путь далек лежи-ит,
> В той степи глухо-ой
> За-амерзали... мы.

Казалось, что прошла целая вечность, пока с
фонарями не появились наши спасители, отчаяв-
шиеся уже найти пропавшую машину. Сейчас уже
смешно вспоминать, что наш «газик» застрял
всего в каких-нибудь... пятнадцати метрах от
клуба, где нас давно ждали.

Но этот неунывающий, добрейшей души человек мог прийти и в ярость, если видел хамство в любом его проявлении, а особенно хамство по отношению к женщине. Здесь его ничего не могло сдержать.

— Вспоминаю случай, — рассказывала Касаткина, — навсегда сохранивший в моем сердце рыцарскую душу Николая Афанасьевича. В наш век редко встречаются рыцари, а вот Николай Крючков, внешне напоминающий простого рабочего, был им.

Мне довелось быть с ним в составе киноделегации на фестивале советских фильмов в Индии в 1957 году. Нас поселили в прекрасном отеле. И вот при выходе из лифта меня довольно бесцеремонно оттолкнул телохранитель тогда еще молодого далай-ламы, приехавшего из Тибета и остановившегося в том же отеле.

Боже, в каком яростном гневе был наш любимый актер!

Он бросился на телохранителя, и только мольбы членов нашей делегации удержали его от силовых мер в отношении невежды. Он же никого не боялся, и честь женщины для него была превыше всего.

Личная жизнь Николая Крючкова не всегда была столь благополучной, как в последние годы. Но и в сложных житейских ситуациях он всегда относился к женщине так, как это подобает мужчине рыцарских убеждений.

Замечательный человек и прекрасный актер — это было в Николае Афанасьевиче неразделимо.

Однако вернемся к Крючкову-артисту в военной форме. Война приближалась к своему завершению. И наконец наступил тот день, который актеры ждали с таким нетерпением: студия «Мосфильм» возвращалась в Москву. Дорога в столицу не казалась теперь такой длинной и утомительной, как в страшном сорок первом, — не те ожидания, не те настроения.

И не успел Крючков освоиться с обстановкой, разузнать о судьбе своих друзей-товарищей, как получил приглашение на главную роль в фильме «Небесный тихоход» — первом послевоенном фильме, к тому же в жанре комедии.

> Дождливым вечером, вечером, вечером,
> Когда пилотам, прямо скажем, делать нечего,

распевала неунывающая троица друзей-летчиков: майор Булочкин (Н. Крючков), капитан Кайсаров (В. Нещипленко) и старший лейтенант Туча (В. Меркурьев). Хотя, по правде говоря, пилотам бомбардировочной авиации находилось дело во всякое время суток — даже ночью.

— В том числе и женщинам, — добавит Николай Афанасьевич, — удивительно храбрым и отважным «ночным ведьмам», как прозвали фашисты воспитанниц знаменитой летчицы Героя Советского Союза Марины Расковой.

Уже на склоне лет, вспоминая этот фильм, Николай Афанасьевич будет задавать себе все один и тот же вопрос: какая неисчерпаемая сила вела вчерашних школьниц в бой?

«Героизм, жажда подвига? Нет, не то. Скорее всего так: жажда любви и счастья. Но не для себя одних, нет! Для всего нашего народа. Садясь в ничем не защищенные самолеты, борта которых можно было пробить неловким движением локтя, оставляя в нарушение самых строгих инструкций свои парашюты на земле, чтобы взять побольше бомб, они были готовы на все, только бы после войны рождались дети и жили счастливо под мирным небом. Погибали подруги, а они продолжали летать, стиснув зубы и не утирая слез. И бомбили, бомбили, бомбили... Да, они были солдатами. Но при этом оставались женщинами в самом высоком смысле этого слова...

В роли наставника этих очаровательных «ведьм» и пришлось оказаться майору со смешной фамилией Булочкин».

Вот тогда-то Николай Афанасьевич, как он говорил, «без особого труда» научился управлять самолетом «По-2» — «кукурузником». Оказалось, что у него приборов и рукояток было меньше, чем у современной легковой машины. И ему так понравились полеты, что он при каждом удобном случае стремился забраться куда-нибудь на высоту.

— Странное, нереальное ощущение свободного полета! — делился он потом своими впечатлениями. — От него хотелось петь, кричать во весь голос, сходить с ума от счастья, солнца, мира! Петь хотелось и внизу, на земле, перед камерой, настолько хороши и чисты были песни, написанные для этой кинокартины Алексеем Фатьяновым и Василием Соловьевым-Седым.

И бравый майор Булочкин пел: «Махну серебряным тебе крылом», посадив свою машину на минном поле под самым носом противника. Пели и его друзья, отважные летчики-истребители: «тайно женатый» красавец капитан Кайсаров и богатырской стати старший лейтенант Туча, которому тесны были и гимнастерка, и сами рамки отведенной роли.

Василий Васильевич Меркурьев любил повторять: «Утверждая положительное, способствуешь искоренению отрицательного». И стремился играть свои роли так, чтобы люди, выходя из театра или кинозала, были хотя бы чуточку добрее. Актера он приравнивал к солдату, потому что считал первым условием службы и того и другого дисциплину. И в равной мере на них ложились и физические и эмоциональные нагрузки. Сам Меркурьев первым давал повод для таких аналогий.

Крючков вспоминал, как в фильме «Звезда», в котором они снимались вместе, Василий Васильевич должен был ползти по заминированному полю. Он полз, а под ним взрывались холостые заряды. Когда дубли отсняли, врачи насчитали у Меркурьева девять ранений. Пусть не тяжелых, но бинты понадобились...

А однажды Николай Афанасьевич был приятно удивлен, увидев на рабочей площадке дочь Мейерхольда Ирину Хольд, ту самую, которая преподавала в студии ТРАМа биомеханику. И был окончательно поражен, когда к бывшей учительнице Крючкова подошел улыбающийся Меркурьев и галантно представил:

— Моя жена.

И наконец, был взволнован до глубины души, когда узнал о семейном подвиге Ирины Всеволодовны и Василия Васильевича.

Война застала семью Меркурьевых в Ленинграде. К этому времени у них было трое детей, из которых самому младшему исполнился годик. Но вот погибает на фронте брат Василия Васильевича, умирает его жена, и Меркурьевы не раздумывая принимают в свою семью осиротевших ребятишек. А рядом оказывается совсем беспомощная соседка с малышом на руках. Не оставлять же ее в беде... В эвакуацию в Новосибирск приехала семья Меркурьевых из одиннадцати человек! Но чужих в этой семье не было, все свои, одинаково родные и любимые.

Этот фильм близко свел Николая Афанасьевича и с необычайно талантливыми, яркими личностями — Алексеем Фатьяновым и Василием Соловьевым-Седым.

— В облике нечто шаляпинское, — таким остался в памяти Крючкова Фатьянов. — И нежная, по-юношески впечатлительная и легкоранимая душа. Вскипал от пустяка и так же быстро отходил. Добрый и красивый, он дожил лишь до сорока лет...

И добавим: почти все сборники стихов Фатьянова вышли лишь после его кончины. При жизни была издана единственная книжица «Поет гармонь», когда уже известному и любимому в народе поэту исполнилось тридцать шесть лет. А поэт он был от бога.

> Как это все случилось,
> В какие вечера?
> Три года ты мне снилась,
> А встретилась вчера, —

в одной этой строфе столько чувства и мысли, что они не могут не заворожить своей лирической обнаженностью даже человека, лишенного поэтического слуха.

А песни Фатьянова и Соловьева-Седого, которые поют герои фильма, вошли в золотой фонд лирической и гражданской песенной лирики: «Мы, друзья, перелетные птицы», «Пора в путь-дорогу», «Соловьи, соловьи, не тревожьте солдат». Их и сейчас поют, спустя более полувека, и не только люди, убеленные сединами, тоскующие об ушедшей молодости. А отдельные строки этих песен стали расхожими музыкальными пословицами и поговорками.

К Соловьеву-Седому Крючков относился с особой симпатией, наверное, не только за его чистый, солнечный талант. В творческой биографии Василия Павловича, так же как и в судьбе самого Крючкова, большую роль сыграл ТРАМ. Только не московский, а ленинградский, музыкальной частью которого заведовал Дмитрий Дмитриевич Шостакович. Он-то и привлекал к музыкальному оформлению спектаклей наиболее способных студентов консерватории, среди которых оказался и Василий Соловьев, тогда еще не Седой. Этой приставкой, кстати, он обязан своим светлым волосам и отцу, прозвавшему его за эту «масть» Седым.

Василий Павлович был убежден, что музыка часто «делает» фильм, а композитор больше других помогает актеру раскрыть себя в своем герое. И Крючков был полностью с ним согласен.

— Если песня написана тонко, к месту, — говорил он, — попадает прямо в «десятку», если в ней есть место и сильным чувствам, и уму, и благородству — тогда доверие зрителя к актеру будет полным и окончательным. В фильме «Небесный тихоход» все именно так и было. Прекрасная музыка Василия Павловича развивала сюжетную линию, образно рисовала характеры действующих лиц, была, когда требовалось, и нежной, и проникновенной, и бравурной, маршевой, и тревожной, и веселой, и мужественной. Одним словом, именно то, что было надо.

И каково же было изумление артиста, когда газета «Ленинградская правда» грубо, беспардонно раскритиковала композитора и поэта именно за эти песни в статье с характерным заголовком: «Дешевая музыка на пустые слова». В ней Соловьев-Седой обвинялся в том, что он «забыл об общеизвестной функции своего искусства и готов принести в жертву ему дешевую, сомнительного свойства популярность...»

Правда, спустя год после выхода картины на экраны справедливость восторжествует, когда Василий Павлович будет удостоен Государственной премии за цикл песен, среди которых окажется и разгромленная «Пора в путь-дорогу».

Да, кстати, ведь и сам фильм после его демонстрации официальная критика подвергла резкому осуждению: нельзя, мол, так легкомысленно показывать войну. Она приняла праздничную приподнятость и ощущение свободы, которую принесла Победа, за легкомысленность!

В отличие от суровой критики, которая, между прочим, «Антошу Рыбкина» с его «шапкозакидательством» очень даже хвалила, зрителями фильм был принят без всяких оговорок. Им сразу же полюбились три веселых товарища, заключивших «святой мужской союз»: не влюбляться и не жениться до конца войны.

Но, хотя они и бравируют своей стойкостью:

> Первым делом, первым делом — самолеты.
> Ну а девушки? А девушки потом!

Устоять перед девушками не могут — «святой мужской союз» не выдерживает искушений и к концу фильма распадается.

Игра великолепного актерского ансамбля была выше всяких похвал, и фильм с честью выдержал испытание временем.

ВТОРОЕ ДЫХАНИЕ

Давно сбросили с себя фронтовики солдатские шинели, но навсегда останется у них память о войне — память, которую сбросить с себя будет уже невозможно. И эта память будет преследовать их до конца дней.

Брестская крепость...

Построенная в девятнадцатом веке как часть системы укреплений на западе России, она одной из первых приняла на себя мощный удар немецко-фашистских полчищ. В течение месяца ее бессмертный гарнизон сковывал силы целой неприятельской дивизии.

С героями этой крепости, а позже с их потомками Крючкова связывали самые теплые отношения еще с довоенного времени.

— Впервые я побывал в Бресте, — вспоминал Николай Афанасьевич, — в феврале 1941 года. Тогда я приезжал к пограничникам с картиной «Яков Свердлов».

А спустя почти полвека Николай Афанасьевич получит письмо из Бреста от кружковцев областного Дворца пионеров, в котором, в частности, напишут:

«Вы у нас были четыре раза. Первый раз в 1940 или в 1941 году.

На заставе им. А. Кижеватова указано, что Вы

сфотографировались с участниками художественной самодеятельности 24 января 1941 года. В музее же обороны «Брестская крепость-герой» — в феврале 1941 года. Нам это неважно — в каком году. Главное, что Вы были на 9-й заставе, которой командовал в крепости лейтенант А. М. Кижеватов. И еще — Ваше имя связано с первыми кружковцами нашего Дворца пионеров, которому исполняется 1 мая 1990 года пятьдесят лет.

В «Истории Дворца пионеров» записано, что на Фестивале детской художественной самодеятельности в 1940 или 1941 году присутствовали артисты: Николай Крючков, Игорь Ильинский, Борис Чирков, Тамара Ханум, Ирма Яунзем...

После выступления солистов и танцоров, детей лейтенанта А. М. Кижеватова, Нюры и Вани Кижеватовых (они первые активные кружковцы), Николай Крючков порывисто встал, поднялся на сцену и поздравил с творческим успехом Нюру и Ваню, произнес речь. В своем выступлении он пророчил большое сценическое будущее этим ребятам. Этому будущему не суждено было осуществиться: в 1942 году кто-то выдал семью Кижеватовых, и она полностью была казнена гитлеровцами».

Руководитель кружка, ветеран погранвойск, майор в отставке приписал в конце:

«Мы все «обрыскали» в Бресте и ничего не нашли в магазинах, кинотеатрах, кинопрокате о Вас из литературы. Очень обидно, что в киосках и книжных магазинах открытки и литература только о молодых артистах кино, а нам надо все знать о ветеранах советского кино.

От себя лично добавлю, что я вырос на образах, созданных на экране Вами и Вашими сверстниками. Спасибо Вам за все».

— Вторая встреча с крепостью, — продолжит свой рассказ Николай Афанасьевич, — или, точнее было бы сказать, с тем, что от нее осталось, произошла через десять с лишним лет, когда киногруппа фильма «Бессмертный гарнизон» приехала сюда на съемки. Декораций тогда строить не пришлось. Мы играли среди развалин.

А в Музее крепости я увидел старую фотографию, сделанную в 41-м на память...

Такая фотография хранится и у вдовы артиста Лидии Николаевны как дорогая реликвия самого кануна войны. Молодой, тридцатилетний Николай Афанасьевич сидит в окружении еще более молодых пограничников, которые через четыре месяца примут свой первый, а многие и последний, бой. Наверняка перед съемками артист не раз будет всматриваться в их лица, воскрешая в памяти прошлое. И не мог он не бежать по колотому кирпичу босиком, потому что считал унизительным оскорбить эту память ложью.

«Идущий дорогами солдат» — так звали ветераны войны артиста Крючкова. И он честно прошел этот большой, полный трагизма путь вместе со своими героями, одетыми в военную форму рядовых и генералов.

Когда в связи с 60-летием он был награжден министром обороны именным кортиком, маршал Родион Яковлевич Малиновский сказал:

— За свою творческую жизнь, Николай Афанасьевич, вы успели отслужить во всех родах Вооруженных Сил.

— Кроме ракетных войск, — уточнил Крючков.

— Ну, у вас все еще впереди, — обнадежил его маршал.

Да и так ли уж важно, в каких родах войск «отслужил» Николай Афанасьевич. В конце концов, не воинские эмблемы определяют характер человека. Герои Крючкова могли служить на корабле, а потом сойти на берег и продолжать воевать в морской пехоте. Но разве от этого ломался их характер, изменялись убеждения, они становились не похожими на себя, прежних? И разве старый моряк Помпей Ефимович («Морской характер»), сменивший черную бескозырку на зеленую солдатскую пилотку, изменил своим жизненным принципам, а немолодой старшина Кухарьков, бросившийся в атаку босиком и в нижней рубашке, освободил себя от воинской присяги? Да ничего подобного.

Каждый из ратных героев Крючкова изначально свято хранил традиции русского воина — быть всегда готовым к подвигу во имя Родины, во имя «светло светлой» Русской земли. Любовь к земле своих предков, одно из наиболее глубоких чувств, закреплена в русском человеке опытом всей многовековой истории нашего Отечества. И «идущий дорогами солдат» Крючков достойно прожил вместе с ними их ратную жизнь и вместе с ними обрел в памяти людей бессмертие.

— Роли на военную тему, — не раз повторял он, — нельзя лишать драматической силы и выразительности, иначе правда об ожесточенной, изнурительной битве с фашизмом будет неизбежно утрачена. Живя под мирным небом, нельзя забывать об огромной цене, заплаченной за мир нашими отцами и братьями.

Принято считать, что фильм «Бессмертный гарнизон» стал переломным в кинолетописи Отечественной войны. После него изображение войны на экране в черно-белых тонах стало уже неприемлемым. Читатели и зрители хотели знать о войне правду, сколь бы нелицеприятной она ни была. Но когда им показали лицо этой правды, лишенное грима, оно вызвало у многих ужас и нравственное неприятие — слишком оно отличалось от тех подрумяненных стереотипов, к которым они привыкли.

Фильм вышел в 1956 году почти одновременно с публикацией в «Правде» рассказа Михаила Шолохова «Судьба человека», который вызвал шквал гневных, раздраженных писем, обрушившийся на редакцию газеты: как только она могла напечатать этот злопыхательский пасквиль, оскорбляющий память советских воинов, искажающий их светлый образ! Что случилось с Шолоховым, который позволил себе неслыханную дерзость — вывести главным героем одного из военнопленных, которые считались трусами и предателями Родины! Андрей Соколов и в плену ведет себя как последний шкурник, не гнушаясь брать из рук фашистского офицера водку и хлеб! Возмущались в основном фронтовики — для них-то уж все пленные были предателями, независимо от того, при каких обстоятельствах они попали в плен. Это не имело ровно никакого значения. О чем уж тут говорить, если сам Сталин отрекся от собственного сына Якова Джугашвили, попавшего в плен!

И нужно было обладать большим гражданским мужеством художника, чтобы очистить человека от коросты предубеждений и показать его в истинном человеческом обличье со всеми его достоинствами и недостатками. Шолохов писал не о пленном, не о предателе, не об Андрее Соколове — он исследовал судьбу человека, пережившего неимоверные физические и нравственные страдания и сумевшего сохранить в себе все человеческое.

Люди завоевали Победу не в белых перчатках и прошли через войну, истекая кровью и обливаясь потом, смешанным с пороховой гарью. И вот это истинное лицо войны и нужно было теперь выставить на всеобщее обозрение.

А что же Крючков, как он пережил этот «переломный» момент в своем творчестве? Об этом он написал сам:

«Новое время потребовало качественно нового дыхания в искусстве, новой драматургии, новых актерских решений... «нажим» на пафос, героику, романтику военных баталий и прочие атрибуты из творческих арсеналов, не раз апробированные и растиражированные, подлежали списанию в архив. Требовалось иное. Что же?

Вместо лихого кавалерийского наскока — спокойное раздумье, вместо привычных лозунгов и воззваний — убедительные аргументы и доказательства, вместо неизбежного в военных условиях усреднения типажей на «солдат» и «командиров», «своих» и «чужих» требовалось неторопливое и внимательное рассмотрение каждой конкретной судьбы, характера, индивидуальности. Меня как актера все больше и больше привлекали острохарактерные роли, неоднозначные образы, разноплановые персонажи как положительного, так и отрицательного рода.

Играть разнохарактерные роли! Легко сказать… Для меня эта новая формула означала прежде всего отказ от прежнего актерского амплуа, от возвращения к тому, что так нравилось и зрителям, и товарищам по кинематографическому цеху. Распрощаться в известном смысле с Климом Ярко, с Сергеем Луконином, с Кузьмой, Никитой — просто ли такое? Но после некоторого размышления я понял, что это к лучшему. В искусстве надо все время искать новые, нехоженые пути. В противном случае — это ремесленничество, не более».

Он нашел то, что искал, в спектакле Театра-студии киноактера «Бедность не порок», в котором сыграл роль Любима Торцова.

«Любим Торцов, — размышлял Крючков, — один из лучших положительных героев Островского. Нищий, бродяга, обиженный судьбой правдолюбец, он как человек сложен и прекрасен. Тут сколько красок, это играть — одно удовольствие.

Роль Любима Торцова, сыгранная на театральной сцене, стала для меня как актера переломным моментом во всем творчестве, отправной точкой отсчета, началом жизни того нового, неординарного и неоднозначного героя, поискам которого я посвятил годы, отдал немало душевных и физических сил. Вот с этой театральной ролью, мне кажется, и открылось мое второе дыхание в кино. И все сколько-нибудь сложные работы той поры берут начало от Любима Торцова. Я лично считаю, что и комиссар из «Сорок первого», и начальник автобазы из «Дела Румянцева», и даже Семен Тетерин из «Суда» — все они в какой-то мере от Торцова пошли. Хотя роли все эти очень разные, сложные и, я бы даже сказал, противоречивые».

Николая Афанасьевича стали теперь привлекать роли, через которые он мог показать сложный внутренний мир человека с его постоянной борьбой с самим собой, мир, в котором вечно противостоят друг другу долг и чувство, разум и инстинкт, совесть и искушения. Борьбой, от исхода которой и проявляется в человеке его истинная сущность. Сам Крючков этот поиск психологического содержания роли называл «разведкой в глубь человека». И одной из первых таких «разведок» было для него исполнение роли Королькова — заведующего автобазой в фильме «Дело Румянцева». Это была кинолента, одной из первых показавшая реальную мирную жизнь во всей ее сложности и противоречивости.

В шайке хапуг, воров и спекулянтов Корольков — заметная фигура. Свою духовную нищету он пытается скрыть за откровенной демагогией и мелочной суетливостью, которую выдает за бурную деятельность.

Здесь впервые, играя современников, Крючков прибегает к внешнему перевоплощению: он отращивает усы, расчесывает на аккуратный пробор волосы и находит костюм, который сразу выдает в герое модного пошляка.

В шайке Королькова есть вор-рецидивист Шмыгло, для которого воровство — привычное дело, профессия. А ради чего ворует Корольков, должность которого вовсе не толкает на поиск куска хлеба? Бесцельной жадности не бывает — она должна быть объяснена. И Мольер («Скупой»), и Пушкин («Скупой рыцарь») объясняют жажду обогащения своих персонажей тем, что деньги, по их убеждению, дадут им власть над судьбами людей и даже над их чувствами.

Корольков, конечно же, был далек от такой глобальной идеи. Ему хватало власти над сотрудниками автобазы, которыми он руководил по должности, без всякой «власти денег». Тогда ради чего он рисковал карьерой? Ради чего стремился урвать кусок пожирнее? А вот на эти-то вопросы авторы фильма и не ответили. Упрощенный образ главного героя был заявлен уже в сценарии, чтобы ярче оттенить духовное богатство, как тогда говорили, простых советских людей.

И все же этот фильм стал памятным знаком своего времени, когда кино от одномерного показа реальной жизни обратилось к ее действительной сложности. А через несколько лет Крючков вспомнит роль Королькова и окончательно поймет, чем она не вполне удовлетворяет его.

— В фильме «День счастья», — скажет он, — у меня была очень интересная роль старого портного с таким колоритным одесским говорком. Сидит он в маленькой комнатенке, обшивает культурных клиентов частным образом. Деньги копит для единственной дочери. Хочет, чтобы все у нее было — модные платья, богатая свадьба, солидный муж. А когда она удирает с моряком-курсантом, он и дело свое бросает: не для кого больше деньги копить. В этом моем герое уживаются как бы два человека: один — щедрый, другой — скупой, один — мудрец, другой — недалекий.

Вот этого «второго» человека сценарий «Дела Румянцева» и не предложил артисту. И теперь остается только вообразить себе, насколько от этого образ Королькова стал бы объемнее, убедительнее, да и просто человечнее.

Что было бы, если бы?.. Этот риторический вопрос здесь совершенно неуместен. Но тот материал, который был предложен артисту, он обогатил такими, только ему присущими характерными чертами, что образ киногероя не остался в забвении.

Корольков в исполнении Крючкова — это человек, окончательно запутавшийся в самом себе, погрязший в трясине темных, нечистоплотных дел. А за его респектабельностью и внешним лоском зритель видит страх и душевное одиночество человека, ожидающего неминуемой расплаты. И не жалость он вызывает к себе, а брезгливое отвращение.

Главную роль в этом фильме сыграл Алексей Баталов. «Чудесный актер, умница, каких мало, унаследовавший, пожалуй, весь талант знаменитой актерской династии Баталовых» — так охарактеризовал своего партнера на съемочной площадке Крючков.

Своего Румянцева Алексей Владимирович сравнивал с Алексеем Журбиным из «Большой жизни». Это типажи одного поколения, одной социальной среды — рабочие парни, одинаково отстаивавшие свое понимание правды и справедливости.

Баталов был близок Крючкову и по отношению к своей актерской профессии. В «Большой семье» есть лишь один-два кадра, в которых показана работа клепальщика-судостроителя Алексея Журбина. И никто не заставлял Баталова овладевать этой профессией. Но он сам пришел на строящееся судно, и теперь где-то бороздит моря-океаны танкер, на борту которого часть заклепок поставлена артистом Баталовым.

А в «Деле Румянцева» Алексей Владимирович играл роль водителя тяжелогрузного «МАЗа». Так вот, прочитав сценарий, он пошел на курсы, освоил «МАЗ» и к запуску картины в производство получил шоферские права. И он крутил не бутафорскую баранку, а руль тяжело нагруженной машины и по себе знал, что значит менять колесо весом под сотню килограммов. И все это не могло не импонировать Крючкову:

— Эти проявления высочайшего актерского профессионализма были мне, признаюсь, очень симпатичны, так как целиком отвечали собственным убеждениям в том, что малейшая, самая пустяковая ошибка в знакомом зрителю производственном материале способна мгновенно свести на нет весь вдохновенный труд исполнителя, разрушить эмоциональное впечатление от сыгранной трудной сцены, эпизода. Актер должен уметь то, что умеет его герой.

А сколько хлопот было с подбором одежды Саши Румянцева! Ведь каждая ее деталь должна была рассказывать о жизни и судьбе героя. Ничего подходящего в гардеробе «Мосфильма» не нашли, и тогда Баталов попросил у своего режиссера-постановщика его куртку, в которой он прошел всю войну. В таких «вечных» кожанках, быть может, ездил отец Саши Румянцева, погибший на фронте, или кто-то из его друзей. Эта старая куртка, заметит Николай Афанасьевич, была узнаваема, и она могла поведать о многом кинозрителям-шоферам. Неказистая фуражечка Румянцева с жестким козырьком напоминала о том, что он часто ездит с грузом в Прибалтику — именно там такие фуражечки были в моде.

Вообще в игре Баталова не было ни одной непродуманной детали. Вот за это высокое мастерство, за ярко выраженный почерк истинного художника и ценил его Крючков.

Чтобы не говорить звонкие, но пустые слова о Баталове, хочется привести лишь короткую цитату из книги нашего замечательного артиста Льва Дурова о нем: «Он один из редких актеров, который сумел сохранить в себе душевную гармонию, интеллигентность. Все, в общем-то, разночинцы, а он аристократ в нашей профессии». Пожалуй, лучше не скажешь. Баталов и в роли водителя «МАЗа» остался аристократом во всем.

Для Крючкова эта первая «разведка в глубь» человека стала все-таки успешной, хотя бы потому, что он увидел неиспользованные возможности при создании образа Королькова, роль которого была жестко ограничена рамками апробированных стереотипов.

Но уже через три года Николай Афанасьевич предстанет перед зрителями как тонкий актер-психолог, стремящийся разобраться в противоречивых чувствах человека, которые порой толкают его на непредсказуемые поступки. О роли, которую предложит Крючкову Владимир Скуйбин, сам артист скажет так:

К/ф «Сорок первый», 1956 год.
В роли комиссара Евсюкова.

К/ф «Женитьба Бальзаминова», 1965 год. Н. Крючков —
купец Неуедов.

Н. Крючков с Борисом Токаревым в фильме
«Морской характер», 1971 год.

В роли Помпея Ефимовича в фильме «Морской характер».

КИНОПРОБЫ:

на роль Мешкова

на роль Трофимова

на роль Малюты Скуратова

на роль Гусева

Н. Крючков.

Лидия Николаевна, жена.

С женой.

С детьми. Последняя страница мирного времени.

С красноармейцами. Первые дни войны.

Радж Капур, Николай
Крючков, Сергей Столяров,
Иосиф Хейфиц.
Созвездие бессмертных
имен. Индия, 1957 год.

Н. Крючков
с Георгием Юматовым.

Очаровательная Людмила Гурченко поздравляет
Н. Крючкова с юбилеем. 1980 год.

Народные артисты СССР представлены в образах своих героев: Евгений Самойлов — «В шесть часов вечера после войны», Борис Андреев и Владимир Дружников — «Сказание о земле Сибирской», Николай Крючков и Владимир Зельдин — «Свинарка и пастух», Марина Ладынина, Клара Лучко и Сергей Лукьянов — «Кубанские казаки».

Н. Крючков с Мариной Ладыниной и Борисом Андреевым перед юбилейным показом фильма «Трактористы».

Какая жизнь без гармони?!

Интересная беседа с телеведущими.

Н. Крючков с Олегом Далем в фильме «Горожане», 1976 г.

Н. Крючков с Иваном Лапиковым и Петром Глебовым.
Они незабываемы в своих лучших ролях.

Беседа со зрителями.

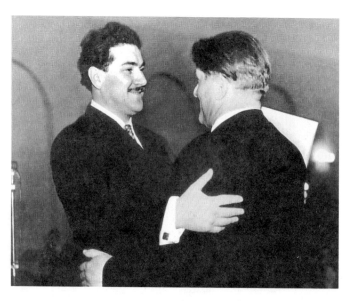

Григорий Чухрай поздравляет Н. Крючкова с юбилеем,
1961 год.

Задушевная беседа с Всеволодом Санаевым.

Н. Крючков с Лидией Смирновой в фильме «Верую
в любовь», 1986 год.

Если там, куда он отправляется в киноэкспедицию или на концерт, есть речушка, ищите Н. Крючкова на рассвете. Конечно, не столько добыча его влечет, сколько любовь к природе, к неисчерпаемой красоте ее и вечной свежести.

Вдали от шума городского…

Пришел кинорежиссер Сергей Никоненко,
и было чем его удивить.

О, дальние дали,
как манят они своей
прелестью…

«Мой деда не Николай Афанасьевич.
Мой деда — Герой» — так отвечала внучка Катя
на телефонные звонки.

В ожидании машины.

Памятник на Новодевичьем кладбище.
Скульптор Юрий Орехов.

С юбилеем, Николай Афанасьевич!
1980 год.

— Были у меня роли положительные, были отрицательные. Были и такие, где положительное и отрицательное смыкалось настолько тесно, что сразу и не поймешь, какой же персонаж перед тобой. Именно таков Начальник в фильме «Жестокость». Пойди разберись в нем! В революции участвовал, за власть Советов дрался. Гражданскую войну прошел, в чекистской работе толк знает, беспощаден к преступному элементу. Все это так, но в то же время он, Начальник, людей не уважает, не верит им, жизнь человеческую ни в грош не ставит. Равнодушие к справедливости, гуттаперчевая совесть, с одной стороны, а с другой — исполнительность, несомненная личная отвага. Вот какой непростой клубок «за» и «против». Его предстояло распутать, разобраться досконально, суметь понять и объяснить. На одной фактуре с такой ролью справиться — дело пустое и безнадежное. Пришлось нам с режиссером приняться за «глубокое бурение образа».

И актер не только «разбирается» со своим непредсказуемым героем, но и предоставляет возможность самим зрителям судить его — по делам и поступкам.

Поначалу обаятельный и энергичный, Начальник не может не вызвать симпатию — он решителен, храбр, о своих молодых подчиненных действительно заботится как отец родной и в критических ситуациях не прячется за их спины. Этот приятный и симпатичный человек с увлечением рассказывает юным подчиненным о своей боевой молодости и при этом не кичится подвигами, не выпячивает грудь колесом, чем и подкупает слушателей.

Перед небольшим отрядом Начальника стоит задача обезвредить или уничтожить неуловимую банду «императора всея тайги» Константина Воронцова. И Начальник нисколько не сомневается, что задачу его отряд выполнит, потому что за ним — сила. Но, оказывается, одной силы еще недостаточно для борьбы с врагом.

Вот как пояснил эту мысль сам режиссер Скуйбин:

«Первая съемка. Вот он, грозный начальник уголовного розыска. Решительный, самоуверенный, входит в дежурку.

— А этот что у вас? — спрашивает он своего помощника Веньку Малышева, кивая на Лазаря Баукина.

И теряет над собой контроль, когда тот называет представителя власти «боровом».

— В арестантскую его! И не давать ничего! — кричит в ярости начальник.

И в этой ярости, в этом бессильном гневе мы сразу видим первые признаки слабости человека.

— Начальник у вас больно слабый, кричит много, — говорит Лазарь Баукин. — На каждом деле должен быть крепкий мужик».

Вот так, постепенно, Крючков выявляет в своем герое черты «второго» человека, который в конце концов пойдет во имя ложно понятого долга на обман и преступление. Не он, а именно охотник и смолокур Лазарь Баукин «повяжет» неуловимого Воронцова. И в том, что это сделает Баукин, будет опять же заслуга не Начальника, а его помощника Веньки Малышева, который поверит бандиту Баукину и отпустит на свободу этого запутавшегося в жизни человека.

И когда Начальник придаст всему делу вид успешно разработанной операции под его руководством, он прикажет арестовать и самого Лазаря. Здесь Крючков найдет неуловимые оттенки в характере своего персонажа. Можно ли назвать его законченным карьеристом или человеком, присваивающим чужие заслуги? Сомнительно. Ведь Начальник в исполнении Крючкова искренне верит в то, что действует в целях укрепления авторитета новой власти. Не может такого быть, убежден он, чтобы бандит «повязал» своего же атамана. А где же была власть? И Начальник, как представитель этой власти, приписывает заслугу в ликвидации банды себе и своему отряду: так, посчитает он, будет целесообразнее и исторически вернее.

Только вот Венька Малышев застрелится... Не переживет он предательства и возьмет моральную вину Начальника на себя.

Эта роль, созданная Крючковым, поразительна по своему глубокому психологизму. Актер нигде не ставил нравственные акценты, нигде не выделял те или иные черты своего героя — он дал возможность самому зрителю разобраться в характере, который создал мощной силой своего таланта.

Кстати, для давнего товарища Крючкова Бориса Андреева роль Лазаря Баукина тоже станет «переломной» в творчестве. В ту пору Бориса Федоровича начинают привлекать люди трудной, часто трагической судьбы, которые наделены острым чувством справедливости и так и не нашли в жизни эту самую справедливость.

Лазарь Баукин как раз один из таких людей.

Он доверился Малышеву не как представителю власти, а как человеку, который понял его и не стал стучать кулаком по столу, обвиняя в пособничестве бандитам. А когда это доверие будет грубо растоптано, Баукин не Веньку Малышева станет упрекать в вероломстве — он утвердится в мысли, что новая власть такая же жестокая и несправедливая, как и старая. И тогда станет ясно, что неустрашимый Начальник, рискующий жизнью в борьбе за эту власть, сам более опасен для нее, чем бандит Воронцов.

Роль начальника уголовного розыска окончательно утвердила Крючкова в новом амплуа. Тот же самый актер, который три десятка лет тому назад завоевал любовь зрителей как исполнитель ролей веселых и озорных парней, умеющих и спеть, и сплясать, и на гармошке сыграть, а в трудных обстоятельствах показать и свой мужественный характер, неожиданно предстал человеком, умудренным опытом, мучительно ищущим свое место в жизни, осознающим, насколько эта самая жизнь сложна, противоречива и порой беспощадна.

Это был и тот и не тот Крючков — узнаваем и не узнаваем. А иначе и быть не могло: за тридцать лет изменилась страна, люди, и вместе с ними менялся и актер, воплощающий в себе образ героя своего времени. И если что и осталось неизменным, так это его человеческие качества, которые подпитывала неистребимая вера в добро и справедливость. И когда новые герои Крючкова начинают испытывать эту веру на крепость, то не всегда выходят победителями. И Николай Афанасьевич покажет это, сыграв в фильме Скуйбина «Суд» роль Семена Тетерина.

Потом режиссер напишет:

«Семен Тетерин не просто новая роль в творчестве Крючкова. И он сыграл ее не только потому, что материал давал ему эту возможность, но главным образом потому, что как актер он был готов к этому шагу, к этому открытию в себе. Медленно, исподволь Крючков поднимал «потолок» своего дарования. И вот произошел перелом. Роль Семена Тетерина — качественно новая ступень в творчестве актера. Она открывала перед ним новые перспективы».

И еще Скуйбин особенное внимание обратит на глаза:

«Трудно забыть глаза актера — глаза думающего, страдающего человека, говорящие больше целых монологов».

Дело в том, что автор одноименной повести Владимир Тендряков был очень скуп на монологи и диалоги. Переживания своего героя он не показывал, а описывал. Описанием ограничился и когда писал сценарий: минимум текста, максимум внутренней борьбы с самим собой. И Крючков выражал все оттенки чувств героя характерным взглядом — взглядом страдающего, обреченного, непонятого человека трагической судьбы.

В сущности, сюжет фильма представляет собой детективную историю, что придает ему еще большую остроту. Во время охоты в медведя стреляли двое: влиятельный в округе начальник стройки Дудырев и скромный сельский фельдшер Митягин. Одна пуля попадет в медведя, а другая — в случайного прохожего. Причем, как полагают, обе пули прошли навылет — их не обнаружили. Поэтому невозможно судить о том, из чьего ружья пуля поразила человека. К тому же охотник-спортсмен Дудырев не мог попасть под подозрение, тогда как Митягин, хотя и прожил всю свою жизнь в тайге, ружье взял в руки впервые.

Но вот, снимая со зверя шкуру, Семен Тетерин обнаружит кусочек сплющенного свинца, раскатает его, приложит к дулу ружья и поймет, что в прохожего попала пуля Дудырева. Ее он и покажет следователю. Но, раскатанная, она уже не может служить уликой. Следователю нужны доказательства, а не слова. И Семен, честный и бесхитростный человек, потрясен тем, что ему не верят. Еще более его поразит позиция председателя колхоза Доната, которому расскажет все, как на исповеди. А Донат рассудит, исходя из «общественной полезности» человека: коли доказать теперь уже ничего невозможно, пусть лучше пострадает фельдшер, чем Дудырев — нужный для колхоза человек.

А Семен останется один на один со своей совестью. А когда ему нужно будет сказать на суде решающее слово правды, он растеряется и не скажет правду. Бесстрашный медвежатник окажется слабым и беспомощным человеком.

«Наверное, — напишет вдумчивый критик Ромил Соболев, — это одна из труднейших ролей в жизни Крючкова. Вся она построена на глубоких и тонких переживаниях — на смене размышлений, колебаний, на чувствах настолько неуловимых, что их было бы и невозможно выразить словами.

Но сложна эта роль не только этим, не только из-за личной драмы мужественного медвежатника, конечно же, не раз встречавшегося со смертью в лесу и не выдержавшего встречи с противоречиями жизни на людях. Еще сложнее, пожалуй, было то, что случай Семена Тетерина не казус, как говорят юристы, но определенная «модель» поведения... Крючкову в Семене Тетерине нужно было показать запутавшегося человека, которого нельзя не пожалеть, но вместе с тем через эту жалость безоговорочно отвергнуть саму эту «модель».

Да, размышлял Крючков, есть в жизни вещи пострашнее медвежьих когтей. Суд совести, например. И одной лишь храбрости тут будет маловато. «А что же еще? Непростой вопрос. И каждый должен решать его для себя самостоятельно. Ибо весь фильм, насколько понимаю, размышляет именно об этом. И готовых рецептов, как и сама жизнь, не дает».

Обретя «второе дыхание», Крючков убедил и себя и зрителей, что ему подвластны роли самого сложного психологического рисунка.

Но это вовсе не означало, что его перестали интересовать характеры с ярко выраженными определенными качествами, соответствующими его природному дарованию и внешним данным. Он совсем не собирался изменять характерам цельным, сформированным средой и опытом жизни, о которых нынче говорят — без комплексов. Но это понятие, в сущности, нечего не выражает и ничего не объясняет, ибо в конечном счете матушка-природа наградила человека чувствами, которые и создают для него проблемы. И вот эти-то чувства, которые людям не свойственно обнажать принародно, и должен сыграть актер. А это, пожалуй, не менее трудно, чем показать внутреннюю борьбу противоречий в самом человеке.

Помните, как Николай Афанасьевич искал в своем герое «второго» человека? И зачем бы он ему вдруг понадобился? Да всего лишь для того, чтобы плоская фотография персонажа обрела объемные, рельефные формы, а многомерность его характера — душевную гармонию.

Каждый человек — явление психологически сложное, совершенно неповторимое. Еще Лев Толстой мечтал когда-то исследовать тип человека, который был бы в одно и то же время добр и зол, милосерден и жесток, щедр и жаден. А ведь все эти качества, сосредоточенные в одном человеке, и создают неповторимость его характера. Вместе с тем человек видит в окружающих его отдельных людях либо свое собственное отражение, либо черты натуры, свойственные ему самому. Порой — не самые привлекательные. И если уж он находит гармонию в самом себе, почему бы не найти ее и с окружающим миром, чтобы не превращать свою жизнь в трагедию? И человек позволяет себе обманываться в собственных заблуждениях.

Прекрасно сказал по этому поводу восточный поэт:

> Если бы люди знали,
> Насколько все они разные,
> Они бы никогда не любили друг друга.
> Зачем любить,
> Если понять невозможно,
> Если нет общего языка чувств и желаний?..

Если бы люди знали,
Насколько все они одинаковые,
Они, конечно, любить не могли бы —
Нелепо и глупо любить самого себя.

Но так как люди не знают
Ни того, насколько они разные,
Ни того, насколько они одинаковые,
Они любят или делают вид, что любят.
И повторяется это счастливое недоразумение
Сто тысяч лет,
И еще будет повторяться столько же,
Потому что, когда люди стремятся друг к другу,
То замечают лишь небольшую разницу
между собой,
А сблизившись, видят лишь небольшое сходство.

Вот эти «небольшие» разницу и сходство и поставил себе задачей играть Крючков, оставаясь наедине со своей ролью. Необычайно трудная задача? А что легко?

Николай Афанасьевич часто вспоминал очень, казалось бы, незначительный эпизод, который тем не менее навел его на философские размышления.

Однажды к нему в гости пришел журналист и увидел его внучку Катю, которая, хотя и играла еще с куклами, но уже успела сняться в трех кинокартинах. Как говорил дед: «Небольшие были роли, но все-таки...» Журналист, конечно, знал об этом и, чтобы завязать разговор с девочкой, спросил:

— Кем же ты хочешь быть? Актрисой, наверное?

— Нет, — получил неожиданный ответ. — Учительницей у первоклашек.

— Почему? — удивился гость.

— Потому что они веселые и добрые.

И Николай Афанасьевич задумался:

— Мир кино, который она узнала не понаслышке, не всегда добр и не всегда весел. Он может быть самым разным, но только одним не станет никогда — легким для нашего брата-актера. И если зритель о ком-то говорит с восхищением «он популярен!», то для меня это звучит прежде всего как «он труженик!». А уж добр он или зол — это зависит от роли.

Устами младенца была выражена точная мысль.

ВЗАИМНАЯ ЛЮБОВЬ

*В*стречи бывают разные. Одни проходят бесследно, не оставляя о себе даже смутной памяти. Другие, как удар клинком, наносят рану, третьи с годами забываются, но проходит время, и они вновь напоминают о себе ноющей болью прошлого. Память о них проходит через всю жизнь.

Впервые Николай Афанасьевич встретился с ним в 1942 году. Как потом скажет сам Крючков, «мы с ним познакомились, подружились и затем сблизились настолько, что и по сей день нас нередко принимают за одного и того же. Я отдал ему все, что мог, в своей душе и получил от него во сто крат больше. Зовут его Сергей Луконин — «парень из нашего города». Большая, долгожданная встреча состоялась также на экране — в кинокартине студии «Мосфильм» под названием «Верую в любовь». Это уже было сорок четыре года спустя.

Объективности ради, добавит Николай Афанасьевич, в числе родителей он должен назвать и себя, поскольку не было такого киноперекрестка, где автор этих строк не мечтал вслух о новой встрече на экране с «парнем из нашего города».

А в том, что Крючков назвал себя одним из «родителей» фильма, нет ни доли нескромности.

В фильме «Верую в любовь» есть один потрясающий психологический момент, когда генералу Луконину приходится испытывать на проверку свои родительские чувства: вдруг находится родная мать Алеши и Кости Лукониных, потерявшая их при бомбежке и с тех трагических военных лет не прекращавшая их поисков.

Одновременно убежден в том, что этот эпизод был подсказан авторам фильма самим Николаем Афанасьевичем, а убежденность эта основывается на одной из случайных встреч, о которой поведал в своем письме житель Тамбовской области Л. П. Степанов.

Тогда, в 1942 году, Степанову было десять лет. Отец его погиб, брат учился в военном училище, а его самого с матерью эвакуировали в Северный Казахстан, под Семипалатинск.

«Жили с мамой, — вспоминал Степанов, — в общем и холодном бараке, с такими же горемыками, как и сами. Мама с утра уходила на работу. Школы в поселке тогда не было, мы брали котомки и собирали на путях непрогоревший в паровозных топках уголь — тем и топили барак.

Однажды с другом мы забрели на дальний путевой тупик и увидели пассажирский вагон. «Что же это может быть?» — полюбопытствовали мы. Когда открылась дверь, я с другом Генкой так и сел на землю от удивления. Перед нами предстал в военной форме самый настоящий и всем известный по кинофильму «Трактористы» артист Николай Крючков.

Нас охватили огромная радость и волнение, а Крючков спустился со ступенек к нам, усадил на лежащие бревна, сел рядом и стал нас о многом расспрашивать. Рассказывал и нам о многом: что здесь скоро будет сниматься фильм. Какой — я уже не помню.

После долгой и доброй беседы мы напросились что-нибудь для него сделать. Он попросил принести воды. Подхватив ведра, мы бегом помчались выполнять поручение, но, подойдя к реке, были разочарованы. Иртыш мощно катил свои мутные воды, пить эту воду нельзя. Что делать? Как выполнить такое важное поручение? И тут мелькнуло в голове — лед! Недалеко от станции целые заготовленные горы льда. Чистые, как хрустальные, куски, отмытые от опилок; мы принесли к вагону целые ведра.

Крючков, взяв ведра со льдом, в зачет наших «боевых» заслуг высыпал в наши карманы семечек и вручил по доброй краюхе хлеба. Радости нашей просто не было границ; довольные и счастливые, мы помчались домой. Дома только и было разговору о помощи артиста, о ценных подарках, о неожиданной дружбе.

Только рассвело, мы с Генкой помчались к вагону, но, подойдя к тупику, чуть не заревели от обиды — вагона не было. Горестно повесив головы, присели на рельсы и долго молча сидели. На душе было очень тяжело. Мы, мальчишки войны, только подружились с Николаем Крючковым — и вдруг неожиданная разлука. Почему так неожиданно, приступая к съемкам, вдруг уехали?

Об этом, безусловно, знает и помнит Николай Афанасьевич.

Кто тогда мог разобраться в наших детских

душах в грохоте войны, в холоде и голоде, без мужской отцовской ласки? Нам казалось, что мы расстались с родным, близким нам человеком».

И не нужно здесь слишком уж напрягать свою фантазию, чтобы увидеть в этих двух эпизодах — жизненном и экранном — общее, что их роднит: трагедия военного детства, рана которой будет кровоточить еще многие десятилетия после войны,

И еще о том же самом. В 1983 году вышла картина «Человек на полустанке». Собственно, это монофильм Крючкова, играющего роль путевого обходчика Прохора, человека, потерявшего в годы войны семью, похоронившего любовь к жизни, веру в добро и справедливость.

Николай Афанасьевич любил вспоминать об одной истории, случившейся на съемках этого фильма:

— Мы с Вовой Мазуриным — он играл роль моего приемного сына, и хорошо играл — в одном из эпизодов сидели в лодке и занимались моим любимым делом: ловили рыбу. Короткая сцена, без слов. И тут Вова вдруг тихонько запел песню о танкистах. Что делать? Принялся ему подпевать. А когда до конца песню допел, ерш клюнул как по заказу… Так и сняли незапланированный в сценарии эпизод. И оказался он, по-моему, очень важным. Ведь, коли внуки поют песни нашей молодости, значит, и мы пели их не зря.

Но вернемся к фильму «Верую в любовь», который стал для Крючкова своеобразным завершением всей его творческой биографии. Между восторженным романтиком Сережкой Лукониным и умудренным жизненным опытом генералом Сергеем Ильичом Лукониным протянулся длинный путь самого их творца — Николая Афанасьевича Крючкова. Как он сам признавался, не было такого киноперекрестка, где бы он не мечтал вслух о своей встрече на экране с «парнем из нашего города».

«И, видимо, — писал он, — по этой причине сценарий нового фильма писался специально в расчете на Лидию Смирнову, Владимира Канделаки и меня, исполнившего главную роль в той, прежней, киноработе.

Задача моя в новом фильме была не из легких. Предстояло не только присутствовать на экране, а и продолжить во времени образ прежнего Сережки Луконина, наполнить его современными, сегодняшними чертами и подать так, чтобы зритель без помощи титров осознал и утвердился в мысли: да, это все тот же Луконин, хоть и в генеральском мундире, с Золотой Звездой Героя Советского Союза на груди».

Есть в фильме эпизод, где военный комиссар генерал-майор Луконин встречается с допризывниками, и те задают ему вопросы: и о службе, и о жизни. Среди прочих был и такой:

— Что вы больше всего цените в женщине?

И Сергей Ильич не отделывается шутками, которые, может, были бы и уместны в мужской компании. Для него этот вопрос слишком серьезный.

— Мать, жена — это дом, — отвечает боевой генерал. — А дом — это тыл. Солдату без крепкого тыла невозможно. Поэтому больше всего в женщине я ценю верность.

— А в мужчине? — спрашивают его.

— И в мужчине тоже, — следует ответ. — Верность в любви, в дружбе и верность своему народу, своей Родине. Без этого качества не может быть порядочного человека.

Вот эту-то характерную черту своей натуры Луконин не только сохраняет до склона лет своих, но и передает обоим детям и внукам. Верность станет фамильной чертой не одного поколения Лукониных, она станет критерием всех их поступков и действий.

Крючков вспомнит слова маршала Малиновского при вручении артисту подлинного офицерского кортика — «за твой мобилизующий пример», — поянит эти слова:

— Это он Сергея Луконина имел в виду. Вдумайтесь только, какая ответственность ложится на актера, если он и для простого зрителя, и для прославленного полководца — одно лицо с героем, один и тот же человек. Эту ответственность актеры моего поколения чувствуют особенно остро и чрезвычайно ею дорожат.

Фильм «Верую в любовь» — это не просто продолжение или завершение «Парня из нашего города». Это новый художественный взгляд на вечную тему войны и мира, новый взгляд на характеры, прошедшие испытания кровью и пороховой гарью. Ответ на вопрос: сохранили ли люди после этого кошмара свой святой принцип — чувство верности?

Для артиста Крючкова военная тема в его

творчестве была основной: «Первые мои герои были либо одеты в военную форму, либо недавно сняли ее, либо готовились ее надеть. Взять моих кинематографических героев последних лет — все они прошли через опаляющее пламя всенародной войны. Нелегкие испытания военного времени сформировали характер, определили жизненную позицию этих людей. Как и все фронтовики, они люди особой прочности, уникальной закалки, великой воли, силы и мечты. Легкомысленно относиться к жизни они уже не смогут, да и не захотят. Ни к чему им это».

В фильме «Горожане» Крючков сыграл роль бывалого таксиста, москвича Бати, и роль эта была написана драматургом специально для него. Так вот, в сценарии автор нигде прямо не сказал о военном прошлом своего героя: оно видится через детали, отдельные сцены и эпизоды.

— Распахнет дверцу такси генерал одних лет с Батей, — пояснял драматургию сценария Крючков, — и ветеранам не понадобится много слов, чтобы понять и узнать главное друг о друге. А внезапная, но такая долгожданная встреча со старым другом, которого он узнает в водителе троллейбуса? Бросятся они друг другу в объятия — зритель и без комментариев поймет: с самой войны не видались.

А после выхода «Горожан» на экраны Крючков стал своим человеком и среди таксистов. Как он сам говорил, «эдаким вожаком братства московских таксистов, людей особого склада, с характером и традициями».

А признание этого «братства» он получил уже

на премьере фильма, которая состоялась в кинотеатре «Россия», что на Пушкинской площади. Тогда, после окончания сеанса, десятки машин московского такси собрались на площади и зажгли свои зеленые огоньки, салютуя своему «почетному таксисту». Эта дружба с «братством» сохранилась у него до конца дней.

— Однажды приезжаю на гастроли в Пермь, — вспоминал артист. — Схожу с поезда. Выхожу на вокзальную площадь и вижу: стоит вереница машин, свободных «Волг» с зажженными зелеными огоньками и пустыми водительскими сиденьями. А сами таксисты, широко улыбаясь, показывают — ну-ка, мол, садись за баранку, покажи класс. Ладно, думаю, не на того напали. «Садись рядом, — говорю парню, чья машина первой в очереди стояла. — Будешь за штурмана. Показывай дорогу до гостиницы».

И выдал класс со всеми водительскими «выкрутасами». С той поры мне уже не задавали вопросов, сам ли я водил машину, снимаясь в фильме, или за меня это делал дублер. Кстати, с тех пор как «Горожане» вышли на экраны, у меня с таксистами один и тот же конфликт: не хотят «со своего» денег брать за проезд.

Николай Афанасьевич, и об этом не раз уже было говорено, никогда не казался в роли — он всегда переживал жизнь своего героя, не отделяя себя от него. Можно сказать, что бытие экранного или сценарного персонажа Крючкова было инобытием самого артиста. И эту метаморфозу он прекрасно объяснил в своих исповедальных словах, в которых выразил верность в любви к своим зрителям:

«Надо очень любить вас, зрителей, чтобы не иметь права на собственное плохое настроение, не думать о травмах и гнать напрочь мысли о том, что так и не успел вызвать врача к больной дочке. Сражаться в рукопашной и танцевать, крутить баранку и гнаться за нарушителем границы, петь озорные куплеты и выступать с высокой трибуны, добиваться любви героини и проделывать всевозможные трюки, а в перерывах между всем этим работать, работать и работать, забывая обо всем, кроме одного — лишь бы люди тебе доверяли. Все это можно делать лишь для действительно дорогих, близких и сердцем и душой тебе людей. И я вас очень люблю!

И еще раз о любви, на этот раз — о вашей к нам. Ненавижу хамство во всех его проявлениях. Но прежде всего в этаком актерском пренебрежительно-томном: «Ах, эти поклонники, ну просто проходу не дают со своими просьбами дать автограф». Не нравится? Смени профессию — и все дела. Не будут тогда у тебя автографы просить, не беспокойся!

Любовь зрителей для нас, артистов, не просто приятность, тешащая самолюбие, — это катализатор всего творческого процесса, разрешенный правилами допинг, придающий небывалые силы, это величайшая ответственность, наконец. Без зрительской любви, сочувствия, понимания, сопереживания артист — ничто, нет его, пусто. Нам надо, чтобы нас любили, и это мы должны заслужить делом. Вот и вся логическая цепочка без сантиментов и закатывания глаз. А любовь счастлива, когда она взаимна. Так что я в данном случае за взаимную любовь».

А о том, что любовь у Крючкова со зрителями была взаимная, без сюсюканья и, уж конечно, без всякого желания понравиться, речь еще впереди. Но, опережая события, сейчас хочется лишь еще раз напомнить о притягательности самой личности артиста. Он никогда не лгал ни в жизни, ни с экрана. Всегда оставался самим собой, был до конца искренним в словах и в поступках, органичным во всем.

В одной из бесед с писателем Павлом Ульяшовым наш прекрасный артист Михаил Ульянов сказал замечательные слова об искренности, под которыми, уверен, Крючков подписался бы не задумываясь. Писатель спросил Михаила Александровича:

— У вас нет никаких сожалений по поводу сыгранных ролей? Наверное, сегодня вы относитесь к тем прошлым своим героям иначе, чем вчера?

— Вы хотите, чтобы я покаялся? — понял вопрос собеседника Ульянов. — Каяться надо, если бы я лгал. А я не лгал. Не лгали и мои товарищи. Не лгали режиссеры и поэты, которые старались понять то время. Я не отрекаюсь ни от нашей истории, ни от своей жизни. Все мое, актера, творчество было искренне посвящено моей стране, народу и тем людям, которые больше других старались приумножить богатства страны. Театр восполняет в нашей жизни недостаток в высшей справедливости, которую жаждет человеческое сердце. Он вершит суд над подлостью, своекорыстием, над злыми делами сильных мира сего, несет людям слово правды. Нет ничего, кроме искусства и литературы, что более правдиво отражало бы свое время, являло его образ следующим поколениям. Никакие притеснения не лишат театр злободневности. Если он не находит произведений актуального звучания в современной драматургии, он обращается к классике, к историческим сюжетам, чтобы, говоря о временах прошедших, сказать о том, что болит сейчас.

Крючкову не было нужды обращаться к временам прошедшим, поэтому мало довелось играть роли исторических персонажей. Но и они не принесли ему творческого удовлетворения. В картине «Салават Юлаев» он сыграл роль Хлопуши, одного из сподвижников Емельяна Пугачева. Сам по себе этот образ необычайно колоритен. Видно, было в этой легендарной личности нечто такое, что поразило в свое время воображение Сергея Есенина. Но — увы!

Как напишет потом сам Николай Афанасьевич, «волей сценариста и режиссера-постановщика мой герой тащил на своих плечах тяжкий крест заранее предопределенной исторической обреченности. Он был ограничен и вдобавок грубо подогнан под задуманную авторами социальную схему. Вырваться из этого прокрустова ложа я не смог. И даже прекрасная музыка Арама Хачатуряна не могла ослабить для меня горечь от понятного каждому актеру чувства уплывшей из рук отличной роли, но не сыгранной так, как хотелось того».

Так что и исторические персонажи не всегда несут в себе откровение, особенно тогда, когда их характер немилосердно ломают в угоду ложной идее. А Крючков не выносил фальшь в своих экранных героях, будь они его современниками или историческими личностями. Зритель видел это и на искренность артиста отвечал искренней любовью к нему.

«За взаимную любовь!»

ФЕНОМЕН АРТИСТА

О Николае Крючкове написаны книги и сотни статей, очерков, рецензий, заметок, рассыпанных по журналам, альманахам, газетам и другим периодическим изданиям. Их авторами были не только театральные критики и журналисты, но и простые зрители, которые выражали благодарность Артисту за его игру, делились с ним самым сокровенным, просили совета для решения сложной жизненной ситуации.

Для этой книги были отобраны лишь несколько очерков, принадлежащих перу людей, пытающихся понять, в чем же заключается так называемый феномен Крючкова. Среди них режиссер, ученый, певица, артисты театра и кино. Всех их связывали с Николаем Афанасьевичем самые теплые отношения.

О трагической судьбе режиссера Владимира Скуйбина, ушедшего из жизни в тридцать четыре года, и его фильмах читатель уже знает. Теперь он познакомится с его очерком, которым и открывается эта главка.

Вечный поиск

Это было пятнадцать лет тому назад. На железнодорожной ветке, которая проходила там, где сейчас находится лужниковский Дворец спорта, стоял воинский эшелон. Его теплушки были разрисованы характерными для гражданской войны фигурами «Окон РОСТА». Два красноармейца, в буденновских шлемах, в шинелях с широкими петлицами на груди, вели вдоль эшелона седовласого джентльмена с большим фотоаппаратом. Один был артист Театра революции Толмазов, другой был я — студент театрального училища. Как необыкновенно интересно было все, что происходило вокруг нас, — и приборы, и кран, и кинокамера, у которой сидел режиссер в темных очках и повернутым назад козырьком кепи. Это был Сергей Юткевич — постановщик фильма «Свет над Россией».

Мы шли вдоль вагонов, и вот кто-то крикнул:
— Рыбаков! Шпиона поймали!

Я увидел, как из теплушки на землю спрыгнул матрос с огромным «маузером» в деревянной кобуре на боку. Он быстро пошел нам навстречу, и что-то неуловимо знакомое показалось мне в этой коренастой, крепкой фигуре. Матрос подошел, и я увидел его лицо. Ну конечно, это был он — Николай Крючков! Кумир сретенской детворы. По многу раз мы бегали в кинотеатр «Уран» смотреть своего любимца в фильмах «На границе», «Комсомольск», «Член правительства», «Яков Свердлов», «Свинарка и пастух».

Прошло десять лет, и вновь мне удалось встретиться с Крючковым в работе. Это было на «Жестокости».

Еще занимаясь с Павлом Нилиным сценарием, мы решили, что в роли начальника угрозыска будет сниматься Николай Афанасьевич. Существует разный подход к выбору актера.

Я, молодой режиссер, испытывал естественное волнение на первой репетиции с известным актером, народным артистом, который до моего фильма снялся уже в шестидесяти картинах. Но мы быстро нашли общий язык. Он был собран, спокоен, прекрасно знал текст и серьезно относился к своей работе.

Мы начали репетицию, но у меня не проходила некоторая внутренняя скованность. И вот когда мы дошли до места, где Начальник говорит, что и он причастен к искусству, что он «выступал в цирке», Крючков неожиданно вскочил, сбросил с себя рубаху и остался в майке. Он вздохнул и втянул живот. Мощная грудная клетка поднялась вверх, а голова на короткой шее ушла в плечи. Он согнул в локтях руки, мышцы на теле напряглись буграми, лицо приобрело самодовольное выражение — перед нами стоял цирковой борец! Все захохотали. Засмеялся и я. Это была неожиданная черточка в характеристике образа. И сразу установилась нужная творческая атмосфера естественности, простоты и доверия.

Первая съемка, на которой сразу же проявляется слабость героя Крючкова. И артист начинает постепенно раскрывать подлинную сущность Начальника. То он удивительно родной, то службист, то подлец, а то искренний друг. Сложный характер.

Я вспоминаю Крючкова того времени. Он приходил в студию всегда в отличном настроении, веселый, общительный, излучающий неповторимое «крючковское» обаяние. И когда я слышал дружные взрывы хохота из костюмерной или гримерной, я знал — он рассказывает об охоте или рыбной ловле.

Но вот он входит в скрещенные лучи дигов. Вот он стоит, Начальник, в своем кабинете за массивным столом. Плотная, коренастая фигура, затянутая в военный френч, ежик волос, жесткие, волевые черты лица. Вот это мгновенное перевоплощение Крючкова — человека в образ — одна из удивительных черт его характера. Он не любит много говорить о роли, он понимает с полуслова характеристику образа, поэтому все движения его пластичны. Но нельзя думать, что это дается ему легко. За этим стоит огромный опыт постижения тайны ремесла и каждодневная работа. Актеры, любящие порассуждать о «зерне», порой не знают даже текста. Меня всегда поражали в Крючкове его великолепное знание текста сценария и необыкновенная самодисциплина — он приходил на съемки за два часа до начала.

Актерские качества Крючкова неразрывно связаны с его человеческими качествами. Я помню, во время съемок у него обострился тромбофлебит — ему приходилось целые дни проводить в седле на морозе. И он ни за что не соглашался прервать съемки. А на съемках фильма «Суд» он сломал ногу, а на второй день явился с загипсованной ногой, через два дня разрезал гипс ножом и продолжал сниматься...

Вот я смотрю на фотографии. Пожилой бородатый охотник Семен Тетерин в стареньком пиджачке и косоворотке. Это не просто новая роль в его творчестве — это потолок его дарования, качественно новая ступень в творчестве актера. Вообще эволюция его творческого роста поражает.

И это говорит не только об одаренности актера, о неограниченном диапазоне его возможностей, но и о вечном поиске нового в искусстве.

Таким и остается в моем представлении любимый и замечательный артист Николай Афанасьевич Крючков.

Владимир Скуйбин, 1964 год

Дядя Коля — глыба

Замечательный актер Николай Афанасьевич Крючков прошел через всю мою сознательную жизнь. Прошел от моего детства до моих преклонных лет. Учась в школе, я от восторга открыл рот и глаза, когда увидел его в «Трактористах».

В дни войны, на фронте, меня и моих друзей, таких же солдат, поддерживали с киноэкрана ослепительная улыбка, оптимизм Николая Крючкова. Хотя кино приходилось в боях смотреть нечасто, урывками, образы его героев всегда стояли перед глазами.

Я был на батарее запевалой, и, когда мы шли строем, старшина командовал: «Никулин, песню!» С первыми словами запева «броня крепка и танки наши быстры» перед глазами стоял знаменитый Николай Крючков. Сразу становилось легче жить, и крепла вера, что мы победим.

А познакомился я с Николаем Афанасьевичем много позже, на «Мосфильме». Первая картина — «Яша Топорков». Роль у меня была эпизодическая, но за короткие дни репетиций я увидел звезду советского кино вблизи, будучи рядом. И он мне стал вдвойне дороже — своим дружелюбием, общительностью, умением ладить с людьми (ах как это важно именно в кинематографии). Дружные киногруппы, как правило, снимали хорошие фильмы. И сплачивал наш съемочный коллектив Николай Крючков. Мы в кругу своем называли его нежно: «дядя Коля — глыба». Он был действительно, как утес, у которого мы находили пристанище от непогоды. И все любили его за удивительную искренность в отношениях с любым, даже малым, актером или ассистентом. Мы смотрели на него как на бога, слушая его рассказы.

Он меня обворожил небывалым чувством юмора. Сколько всего смешного находилось в его рассказах и репликах. А потом мы снялись с ним в фильме «Ко мне, Мухтар!». Я играл милиционера, а он — генерала милиции. Сниматься с ним было легко. Он помогал во время съемок найти верную интонацию в разговоре. Работал до полной самоотдачи, не жалея сил. Работал до конца жизни.

Звезда Крючкова еще долго будет светить на экранах кино и телевизоров, и сила его таланта будет восхищать многие поколения людей.

Юрий Никулин, 1994 год

Выхожу на сцену не один

Я не стану говорить о Николае Афанасьевиче как об актере. Что я могу добавить к тому, что уже было о нем сказано за многие десятилетия, и что еще сказать об этом фантастическом таланте и могучем обаянии? Мне хочется вспомнить несколько драгоценных для меня встреч с ним, что как-то необыкновенно удачно распределились по всей моей профессиональной жизни.

1959 год. Моя самая первая работа в кино — фильм «Бессонная ночь». Я утвержден на главную роль, и по сценарию мой партнер сам Крючков! Тот самый, легендарный, из фильмов моего детства, живой, настоящий Николай Крючков. Можете себе представить, как я ждал встречи с ним, как мучился всевозможными страхами и опасениями показаться ему слишком неопытным или вообще, не дай бог, не понравиться ему…

Я приехал в Запорожье, где должны были быть натурные съемки, и узнал, что Николай Афанасьевич болен. К несчастью, сниматься он так и не смог и весь съемочный период провел в постели, в гостиничном номере, так как болезнь не позволяла перевезти его в Москву. Мне не удалось встретиться с ним на съемочной площадке, а какой артист не мечтал об этом. Увы! Но все-таки я был щедро вознагражден, ибо с чем можно сравнить восхитительные вечера, которые мы с участниками съемочной группы проводили в номере Николая Афанасьевича. Сколько рассказов, сколько разговоров, сколько прелюбопытнейших историй слышали мы от него, блестящего рассказчика и радушнейшего хозяина!

Прошло несколько лет, и вот на гастролях Малого театра в Одессе на спектакле «Ревизор», в котором я играл Хлестакова, за кулисами прошелестело: «В зале — Николай Крючков!» И снова, как когда-то, меня охватило безумное волнение. Не помню, как доиграл спектакль, только успел разгримироваться и... «К тебе Крючков!» — сказал кто-то из артистов, и в гримерную вошел Николай Афанасьевич.

Этот вечер был мой, его подарил мне он, этот фантастический человек, и это был королевский подарок. Мы бесконечно много говорили. Оказалось, что живем мы в одной гостинице и времени у нас предостаточно. Помню, в тот вечер Николай Афанасьевич вдруг с какой-то невероятной творческой жадностью сказал, что завидует театральным актерам, их возможности слышать дыхание зала, ощущать реакцию зрителя и, главное, — непрерывности процесса работы над ролью. Ведь в театре действительно лепишь образ до самого последнего спектакля. Не то что в кинематографе: сыграл в кадре — все! Ни поправить, ни изменить — снято!

В то время только что прошел мой фильм «Адъютант его превосходительства», и Николай Афанасьевич бережно и с любовью говорил со мной и об этой моей работе...

И снова прошло много лет. По телевидению был показан спектакль Малого театра «Царь Федор Иоаннович». В тот же день — телефонный звонок у меня в доме. Снимаю трубку: «Это Крючков, Юра». Он мог бы себя не называть, его голос, его манеру говорить нельзя было с чьими-то спутать.

После того телефонного звонка много воды утекло, но всякий раз, когда я готовлюсь выйти на сцену в очень дорогой и важной для меня роли царя Федора, я вспоминаю все то, что говорил мне Николай Афанасьевич о спектакле и о моей в нем работе в том телефонном разговоре. И хотите верьте, хотите нет, но я чувствую какой-то необычайный приток сил и энергии. Каждый раз в этом спектакле выхожу на сцену не один...

Юрий Соломин, 1994 год

Ивушка

О Николае Афанасьевиче Крючкове, великом русском артисте, можно говорить очень много... Если говорить о фильмах, в которых он снимался, то все они очень популярны, актуальны и тепло были встречены зрителями. Это наша классика. И в наши дни, когда телевидение дарит нам встречи с кинолентами прошлых лет, дает нам возможность еще раз встретиться с нашими любимыми киногероями, созданными Крючковым, я думаю, что многие зрители получают истинное наслаждение от встречи с этим замечательным артистом. Его герои заставляют задуматься человека над своей жизнью, оглядеться вокруг и, может быть, стать добрее и терпимее друг к другу.

Создавая эти незабываемые образы, Николай Афанасьевич вкладывал в них всю свою душу, каждый фильм был правдой, потому что судьба его героев очень часто перекликалась с его собственной судьбой. Все было в его жизни — и горе, и радости, чего было больше, судить не берусь. Знаю только одно: его актерская судьба была счастливой — он действительно народный артист, потому что любим своим народом.

Много-много лет назад, когда я только делала свои первые шаги в искусстве, мне посчастливилось встретиться с Николаем Афанасьевичем Крючковым на фестивале российского искусства в Казахстане. На одном из концертов я исполнила песню «Ивушка» композитора Г. Пономаренко. Эта песня была так популярна в то время, что меня называли Ивушкой. Однажды после одного из концертов этого фестиваля меня попросили спеть прямо на улице. И когда я запела «Ивушку», то Николай Афанасьевич подошел и стал петь вместе со мной...

Потом у нас было еще много-много встреч, при каждой из которых первым вопросом Николая Афанасьевича ко мне был: «Ивушка, как жизнь?»

Как жаль, что среди нас больше нет этого человека, но как замечательно, что все, что он сделал в искусстве, осталось с нами, а самое главное — в нас живет память об этом большом русском актере, добром, мудром, скромном человеке.

Людмила Зыкина, 1994 год

Артист не играл рыбака

Артист Крючков — выразитель героической эпохи, воплотивший черты того времени, народный герой, — это первое, что рождается, когда вспоминаешь эпохальные образы, созданные Николаем Афанасьевичем в кино.

Все, что происходило в стране, было отражено в его героях. Без такого начала нет артиста Крючкова. Наверное, об этом напишут все.

И я искал именно эти эпохальные черты,

когда летом 1948 года познакомился со знаменитым артистом.

Но я познакомился не с артистом, а с рыбаком. Это было в Сочи, он там отдыхал, а отдых заключался в том, что каждое утро он уходил в море и ловил, ловил...

А потом дарил. Это была страсть. Он просиживал с удочкой 12—14 часов. Мой интерес заключался не в рыбной ловле, а в личности рыбака, я хотел понять, что собой являет известнейший киногерой в лодке, вдалеке от толпы, обожавшей его, без штанов...

Я все пытался увидеть киноартиста, игравшего рыбака, но тщетно. Я был в компании молодого, обаятельного квадратного мужика, не вынимавшего изо рта особо заломленной «беломорины», в кепке (кепаре, как он говорил), к которой он всю жизнь относился как к предмету первой необходимости. Он был счастлив солнцем, морем, свободой. Его немного приблатненная речь, которой щеголяли многие киношники, не умолкала. Он рассказывал о смешных эпизодах на съемках, о своих встречах с друзьями, а друзьями его были все артисты, все спортсмены, все летчики и вообще все, с кем он когда-либо встречался.

Николай Афанасьевич, Коля, был человеком широким, добрым, простым и отзывчивым. Наверное, он понимал, какое место занимает в обществе, но я ни разу не видел, чтобы он как-то это показывал.

Время течет медленно, но проходит быстро. И последние годы этот гуляка, душа общества, первый артист оставался артистом, но стал еще и дедушкой, с которым мы вместе жили на Икше, в

Доме кинематографистов. Он не потерял своих привычек, кепарь был всегда при нем, «беломорина» — на своем месте, и рыбу он так же страстно ловил.... Но в местном пруду.

И в этом качестве он был так же прекрасен, не потерял оптимизма и обаяния и оказался прекраснейшим семьянином, обожавшим дом, и главным предметом его заботы была внучка Катя, с которой пришло все то, что Николай Афанасьевич недолюбил за свою долгую и прекрасную жизнь в искусстве.

Владимир Этуш, 1994 год

Феномен артиста

Феномен Николая Афанасьевича Крючкова не так прост в разгадке, как кажется на первый взгляд. Меньше всего почему-то тянет к эстетическим понятиям и оценкам. А ведь это был актер, прошедший школу-выучку у таких великолепных мастеров театра и кино, как Николай Хмелев и Игорь Савченко, создавший целую галерею запоминающихся экранных образов. И я, кажется, понял, в чем тут дело. Это как раз тот случай, когда напрашивается известная парафраза: «Актер в России больше чем актер».

Источником огромной, завидной популярности Николая Крючкова в киноискусстве была социальная закваска его личности и дарования, чем именно он пришелся по душе десяткам миллионов зрителей, для которых сразу стал своим, близким человеком, «парнем из нашего города» — не зря героя полюбившейся в ту эпоху пьесы в кино сыграл именно он, Крючков. Под социальностью характера и личности замечательного актера я разумею общительность, дар и способность почувствовать, понять, выразить свое время и общество с такой силой достоверности, что вопрос о мастерстве, о том, как это сыграно, «сделано», и не встает.

И потом, Николай Крючков — русак, что точнее определяет его человеческую сущность, чем «россиянин». Это значит — натура открытая, прямодушная, улыбчивая и, когда надо, отчаянная. Сейчас, когда в моду входят «новые русские», его бы причислили к «старым русским», и я уверен, что Николай Афанасьевич не был бы против. Тому, кто всегда в моде, никакая смена моды не страшна.

И совсем личное... Вспоминаю несколько встреч-разговоров под крепко заваренный «крючковский» чай. Особенно в Доме ветеранов кино на Матвеевской, где Николай Афанасьевич меня после тяжкой болезни по-мужски поддержал, уверяя, что у меня еще «ого-го» сколько дней и лет хороших впереди....

Валентин Толстых,
доктор философских наук, профессор, 1994 год

Последний Бродвей
(Из беседы автора с артистами супругами Борисом Токаревым и Людмилой Гладунко)

Автор. В 1970 году вы оба участвовали в съемках фильма «Морской характер» по книге Леонида Соболева «Морская душа». Этот фильм был посвящен защитникам Одессы, морским пехотинцам, сражавшимся с фашистскими захватчиками в годы Великой Отечественной войны. Борис Васильевич играл в нем роль Андрея, Людмила Михайловна — роль морской разведчицы Татьяны. Николай Афанасьевич играл старого черноморца Помпея Евдокимовича.

Л. Г. Там сложился тогда прекрасный актерский коллектив. Нашими партнерами, кроме Крючкова, были Дружников, Глебов. Кстати, Петр Петрович был поразительно скромным человеком. К тому времени он уже создал на экране незабываемый образ Григория Мелехова в «Тихом Доне» и все как бы смущался своей известности. Таким он оставался до конца своей жизни. Мы с ним очень дружили.

Автор. Петр Петрович Глебов был всего на пять лет моложе Николая Афанасьевича, но относился к нему как к учителю. В альбоме, посвященном Крючкову, он писал: «Коля был всегда доступен каждому, кто подходил к нему, выражая свои восторги за его образы, созданные в кино. Удивительная достоверность, органичность и правда делали их легкими для восприятия. Я всегда любовался отсутствием игры, такой вот достоверностью, как у Жана Габена. Таким вот — не актером, а живым человеком воспринимали все Крючкова, потому он и был первым среди первых».

Б. Т. Все правильно. Вот когда шли съемки, мы жили в Одессе в гостинице «Аркадия», и ему председатели местных колхозов привозили яблоки и помидоры не килограммами и ящиками, а машинами. Они принимали его не за недоступную знаменитость, а за своего старого товарища, с которым давно не виделись и вот наконец встретились. Он звонил нам в номер: «Боба, захватите с собой какие-нибудь кошелки и приходите ко мне: мне тут яблоки привезли». Или: «Помидоры привезли». Действительно, при всех своих званиях — куда уж выше Героя! — он оставался очень доступным человеком, никогда не болел «звездной болезнью». Со всеми коллегами всегда был на равных. У него такого, что вот «вы, мол, ребята, сами по себе, а я вот один такой», никогда не было. А успех у публики у него был ошеломляющий. Сам тому свидетель. Вот он выходил с гармошкой, пел «Три танкиста», и все вскакивали с мест и орали от восторга как оглашенные.

Л. Г. Для нас Крючков тоже не был идолом, перед которым бы мы преклонялись: «Ах, Крючков! Ах, великий!» Мы чувствовали сами себя не хуже — максимализм молодости! Да вот Боря — он пришел с картиной, которая получила «Серебряного Льва» в Венеции. В Крючкове нас занимало обаяние его личности. Он был прост и бесподобно колоритен. Его рассказы и байки давно стали расхожими анекдотами и растиражированы.

Мы тогда с Борей только поженились, нам хотелось погулять, уединиться, а Николай Афанасьевич звонил и приглашал: «Боба, приходите ко мне — будем леску распутывать». Ему было тоскливо одному. И мы шли к нему, разматывали эту леску, а он начинал рассказывать. О чем он рассказывал, меня никогда не интересовало — он завораживал словами, их расстановкой, неожиданными метафорами, построением фраз, и мы попадали под какой-то гипноз. Я начинала засыпать, Боря уже кемарил, а к Николаю Афанасьевичу сон не шел. И тогда я говорила: «Николай Афанасьевич, нам пора спать — в семь часов съемка». — «Ну ладно, ладно, идите уж...»

Б. Т. Да, говорил он всегда вкусно. В нем было столько силы, мощи, что он не мог обойтись без крепких слов и сильных выражений. У него на все были оригинальные суждения. Иногда его просто провоцировали вопросами, и никогда нельзя было предсказать его ответы.

Автор. После того как в 1980 году Николаю Афанасьевичу присвоили звание Героя Социалистического Труда, он никогда не появлялся в общественных местах без Звезды на лацкане пиджака. Его коллеги-кинематографисты свидетельствуют, что даже на студию просто так он приходил всегда со Звездой на груди.

Б. Т. Это действительно так. Но здесь не было даже доли кичливости. Просто он относился к званию Героя с большим уважением.

Автор. Сергей Бондарчук вспоминал, как однажды Крючков подошел к нему и спросил: «Сергей, ты почему Звезду Героя не носишь?» Бондарчук не нашелся, что ответить, и только пожал плечами. «Народ должен знать своих героев», — с лукавой улыбкой сказал Николай Афанасьевич и, как показалось Бондарчуку, с гордостью, весомо поддержал ладонью свою Золотую Звезду.

Б. Т. Да, Николай Афанасьевич очень гордился званием Героя. Чтобы не перевешивать Звезду, он заказал несколько дубликатов, и они у него висели на каждом пиджаке. А настоящую Звезду он хранил дома. К этому его принудил еще и неприятный случай. Как-то он сидел в ресторане и оставил на минуту без присмотра свой пиджак на стуле, и с него сняли орден Ленина, а орден Трудового Красного Знамени кто-то, видно, помешал снять. «Ленинешник сперли, а трудовешник не успели спереть», — объяснял он потом друзьям.

Автор. А после съемок на Черном море вы продолжали поддерживать дружбу с Николаем Афанасьевичем?

Л. Г. Да, до самой кончины. Дело в том, что мы долгие-долгие годы жили в Доме творчества работников искусств на Икше. Там тогда были Крючков, Фрадкин, Таривердиев, Санаев, Смоктуновский...

Б. Т. ...который часто привозил на своей «Волге» какую-нибудь жуткую железяку в багажнике. Он вынимал ее, а я спрашивал: «Что это?» — «Боречка, — отвечал Иннокентий Михайлович, — я же Плюшкин! Ехал и вижу — на дороге лежит вот эта штуковина. Я остановился и взял ее. Не знаю, для чего я ее взял...» И мы долго стояли, размышляя, к чему бы ее приспособить.

Л. Г. В последние годы Лидия Николаевна Николая Афанасьевича привозила на Икшу ранней весной и сидела с ним по рекомендации врачей до поздней осени. Мы были постоянными гостями у них, шутили, смеялись, но это был уже не тот смех, который звучал в 70-м году: наверное, возраст уже накладывал отпечаток грусти. Николаю Афанасьевичу трудно было говорить — у него болели связки. Надо в пояс поклониться Лидии Николаевне, которая окружила его заботой и продлила ему, в сущности, жизнь.

Б. Т. Лидия Николаевна спасла его, когда у него оторвался тромб. Как говорил сам дядя Коля: «Лежал вверх ногами два месяца». Так вот, Лидия Николаевна отпаивала его всякими соками, какими-то настоями, травками и не знаю чем еще. Он тогда бы еще ушел из жизни, а она его вызволила.

Л. Г. Она, дочка и внучка ухаживали за ним как за ребенком. Готовили ему отдельно, постоянно консультировались с врачами. Уход был изумительный.

Автор. И ведь он до конца своей жизни не изменил своему увлечению — рыбалке.

Б. Т. Не изменил. Видите ли, я считаю, что каждый художник в принципе одиночка, и никуда от этого не денешься. Вот его любовь к рыбалке. Он мог часами сидеть с удочкой, даже если не клевало. Ему не важна была эта рыба, да он ее и не ел сам — отдавал кому-нибудь или жарил и угощал всех. Он был настолько общественный человек, что его знали все, и он, думаю, от этого уставал. И эта рыбалка была для него способом уединения: остаться с самим собой, поразмышлять. Поэтому это был и отдых, и способ отстранения от публики. Многие актеры любят такой отдых на природе, который связан с одиночеством, с отстранением. И вместе с тем он не переставал интересоваться общественной и театральной жизнью.

В одну из последних встреч он был огорчен, что творится с Театром-студией киноактера, в котором начали что-то делить, приватизировать...

Ему уже трудно было ходить, и он больше сидел на кровати. И все чаще возвращался памятью к прошлому. И его можно было понять — он человек из того времени. Друзья его остались там, и в последние годы у него не было близких друзей, а приобретать новых было поздно, да он, наверное, и не хотел видеть рядом с собой новые лица. Его интересно было слушать из-за прошлых историй, которые с ним происходили: «Вот, помню, пошли мы с Васькой…» Ага, значит, с Василием Сталиным. То есть старые истории остались с ним навсегда, и будто после этого ничего памятного, заслуживающего внимания уже не происходило.

Л. Г. Николай Афанасьевич с удивительной нежностью относился к детям. Внучку Катю он просто обожал, всегда смотрел, какое на ней платье. Казалось бы, мелочь, но он понимал, что она все-таки внучка Крючкова и должна выглядеть соответственно.

Б. Т. Я не вспомню, чтобы в его творческой биографии были какие-то драматические узлы — это его как бы никогда не касалось. То есть у него вроде было изначально — патриарх, и все! Изначально — по натуре своей. Ну и что? Эйзенштейн, Барнет — они считали его потрясающим артистом, который не использовал до конца своих возможностей. Вот в «Суде» Скуйбина потрясающая роль: какая психологическая глубина образа! Или у Быкова в «Телеграмме», где он играет больного генерала-фронтовика, у которого осталась единственная отрада: смотреть из окна во фронтовой бинокль на ипподром. Поразительный образ, за которым стоит и конница Буденного, и все что хотите! А в «Котовском» Файнциммера, где он играет две совершенно разные роли: бандита и соратника Котовского! Николай Афанасьевич, кроме всего прочего, был постоянен при всех обстоятельствах — он всегда оставался самим собой. Он вообще был обстоятельный мужик.

Автор. Борис Васильевич, вы снимали о нем фильм?

Б. Т. Когда Николай Афанасьевич был совсем уж плох, мы купили кинокамеру, чтобы остались в памяти людей его последние шаги. Дело в том, что в Доме творчества был длинный коридор с десятками комнат по обеим сторонам. В конце его светилось окно, на котором стояли цветы. Квартира Крючкова была в самом начале коридора, а врачи рекомендовали ему ходить. И вот он говорил мне: «Боба, это мой последний Бродвей». Мы неторопливо шли к этому окну, и он быстро уставал. «Боба, — говорил он, — я ведь этот путь за раз не осилю. Во-он на том сундучке посижу — и потом дальше». Он отдыхал на этом сундучке, и мы шли дальше. Долго смотрел в окно, интересовался, кто уезжает, кто приехал, обо всех спрашивал и шел назад. Тяжело уже шел...

Это действительно был его «последний Бродвей». Под таким названием я как-нибудь и сделаю передачу о прекрасном артисте Николае Крючкове.

МНЕ ВСЕ ЗАПОМНИЛОСЬ...
Из воспоминаний Лидии Крючковой

*Н*едалеко от Москвы, на невысоком холме, раскинулась деревня, где я родилась. Ее окружали густые леса. И удивительным украшением тех мест была березовая роща. Перед нами, детьми, открывался чудесный мир гармонии и покоя. Я и сейчас вижу свежее сверкающее утро, цветущий летний день, алмазные грани заката и ночное небо, полное звезд. Слышу разноголосый щебет птиц и таинственные звуки леса.

Но как-то сразу все это оборвалось и сменилось воем бомб, разрывами мин и снарядов. На улицах появились солдаты в чужой форме с автоматами в руках и гранатами за поясом. Заходили в избы. Когда мама видела этих солдат у калитки, она быстро укладывала меня и двух моих маленьких сестер в постель и натирала наши лица и руки чесноком, чтобы появились красные пятна. Немцы очень боялись заразы и, увидев нас в постели с раздраженной кожей, зло лопотали что-то и быстро убирались.

Жизнь, казалось, замерла. Единственным утешением для нас стали книги. Дома была неплохая библиотека. Тогда я по-настоящему пристрастилась к русской классике: Толстой, Тургенев, учила стихи Пушкина, Некрасова, Лермонтова.

И еще у меня был безмолвный друг — развесистый дуб, на который я смотрела из окна и вспоминала, как мы до войны собирались у него гурьбой на наши незатейливые детские игры. Он защищал нас и от дождя, и от жаркого солнца. Теперь он казался мне таким же грустным, как и все мы. В своей родной деревне мы боялись выйти даже на улицу.

Старики, кажется, были уже равнодушны к смерти, поэтому они не боялись иногда ходить в соседнюю деревню и даже в лес. Однажды соседка-старушка пошла зимой через лес и набрела на парашют. Она свернула его и стала искать человека. Она нашла девушку с отмороженными пальцами и сумела привести ее домой. Об этом она рассказала некоторым соседям, зная, что те не выдадут своего человека. Я хорошо помню, как мы с мамой носили ей еду. Помогали ей многие из нашей деревни.

И вот когда этих мародеров погнали от Москвы, они пытались унести и увезти все, что не могли разрушить, и уничтожить все, что попадалось им на пути. Мы не видели ни утренней зари, ни вечернего заката — мы видели только пламя огня, которое вздымалось к небу. Это был ад, который они сами себе уготовили и в котором нашли свой конец.

Мы были потрясены, когда узнали, что в десяти километрах от нас немцы согнали всех жителей деревни вместе с детьми в один сарай и сожгли. Каким-то чудом удалось спастись одному мальчику, которого нашли потом наши солдаты, и он стал сыном полка, в котором служил его отец. И еще удалось спастись с семьей родной сестре моей мамы. Ее дом был за околицей, и она успела уйти с пятерыми детьми в лесные болота. Но, видно, беда шла по пятам этой семьи. Когда ее перевезли в наш дом, дети с матерью лежали в тифу. Только мой двоюродный братик Юра был на ногах. Как-то он выбежал во двор, и через некоторое время я услышала взрыв. Я выскочила из дома и увидела Юру в луже крови — он подорвался на мине.

Но постепенно жизнь начала входить в мирное русло. Вот тогда я впервые — это было в конце 1943 года — увидела Николая Афанасьевича Крючкова в фильме «Трактористы». Для многих зрителей в то время актер-человек ассоциировался со своей ролью. Я не была исключением. Для меня Клим Ярко и Николай Крючков были одним человеком. Реальным, существующим в жизни героем. Мне казалось, что он пришел из другого мира. На экране была представлена такая жизнь, которую мы в своей деревне не видели и даже не ощущали.

Для меня Ярко-Крючков был человеком, который все умеет и все делает сам: и работает лучше всех, и поет, и танцует. Он везде и во всем «первый парень». Он хорошо знал и трактор, и танк. Но главное в том, что он показался мне реальным героем, которых мне видеть не приходилось. Тем более что кино нам почти не показывали, и единственным увлечением, как я уже говорила, были книги. Вот эти книги и создавали мой духовный мир, а литературных героев я принимала за реальных людей.

Я учила наизусть «Евгения Онегина» Пушкина, внимательно, с карандашом в руке, читала

«Войну и мир» Толстого и «Накануне» Тургенева, выписывала фразы, монологи, диалоги. Многого я, конечно, не понимала, но все же эти книги формировали во мне романтическую натуру. И я сверяла своих знакомых с литературными героями, искала в них какие-то общие черты, потому что искренне считала (и до сих пор считаю), что такие люди есть и в реальной жизни. И действительно, у нас много таких людей. К ним я отношу и самих авторов литературных и драматических произведений: с богатой душой, сильным воображением, которые приносят людям своим творчеством радость и счастье, делятся с ними своими мыслями. А уж если кто с ними находится в близких отношениях, то это для них должно быть великим блаженством, подарком судьбы: повезло же им общаться с такими людьми!

У меня до сих пор к русским писателям «золотого века» самое живое чувство сопричастности к их судьбам. Я им так же благодарна, как, скажем, своим родителям за то, что они воспитали во мне «чувства добрые». И вот я «встретила» одного из таких людей на экране. В жизни же мы встретились много позже.

После войны к нам приехал брат матери Василий Иванович, который работал начальником типографии на «Мосфильме», и позвал меня с собой в Москву для продолжения учебы. С его помощью я сдала экзамены в художественное училище при «Мосфильме». Училище я окончила с отличием и была направлена на работу в лабораторию «Мосфильма» установщицей света. Тогда цветное кино только начиналось, и работа была очень интересной и увлекательной, но вскоре мне предложили участвовать в разработке оригинального метода комбинированных съемок, на что ушло десять лет. А когда окончила курсы ассистентов режиссера при ВГИКе, то стала работать уже по этой специальности..

Так получилось, что за семнадцать лет моей работы на «Мосфильме» мне ни разу не удалось встретиться с кумиром моей юности — Крючковым.

И вот в 1963 году меня назначают ассистентом режиссера кинокартины «Капроновые сети», на одну из ролей в которой был приглашен Николай Афанасьевич. К этому времени я, конечно же, видела уже все фильмы с его участием. Вспоминая о его ролях, настраивалась, конечно, на не совсем обычную встречу. И очень волновалась. Но когда он появился в студии, лучезарный, простой, открытый, с веселой улыбкой, то обстановка сразу же стала такой, будто свежий ветер разогнал и унес с собой все волнения. Осталось ощущение его душевного тепла и солнечного света.

Он дал согласие сниматься, но ему надо было согласовать дни съемок, так как он одновременно был занят на Ялтинской киностудии. А мы должны были работать в Каневе, на Днепре. Когда все обговорили, меня попросили пройти с ним в костюмерную, чтобы посмотреть костюмы. Пока шли по коридорам, он задавал всякие вопросы, касающиеся будущего фильма, и, в частности, спросил:

— Для роли, думаю, мне нужен мотоцикл. Как вы считаете?

Я удивилась.

— Наверное, — говорю, — об этом нужно советоваться с режиссером.

И все. Он уезжает в Ялту, а я с экспедицией — в Канев. Через месяц Николай Афанасьевич приезжает к нам больной. Ему вызвали в гостиницу врача. А потом я позвонила ему, справилась о здоровье и спросила, когда он будет готов к съемкам. Он попросил, чтобы я зашла к нему. Я сказала, что по номерам не хожу, и пожелала ему скорее выздоравливать.

Мы жили в одной гостинице, и на следующий день, проходя по коридору, я увидела его, стоящего у окна. Заложив руки за спину, он смотрел на реку. Я спустилась вниз, купила две груши, вернулась и вложила ему эти груши в руки. Он посмотрел на меня так, будто я положила ему на ладони камни.

Через некоторое время он подошел ко мне в ресторане, где мы обедали, и спросил:

— Что с вами? Я вижу, с вами что-то происходит. Может, я могу вам чем-нибудь помочь?

— Со мной? Ничего не происходит, — сказала я. — Разве что вот письмо от мамы получила. Что поделаешь — полгода не увидимся. Поплакала немного. И фрукты, которые я послала, испортились...

Он серьезно посмотрел на меня и недоверчиво спросил:

— И это все?

— Да, все. Больше меня ничего не волнует.

Только много позже он расскажет, кому понадобилось сочинить историю моих якобы неразделенных чувств и страданий, о которых я и понятия не имела. Он был человек открытый и поделился с женщиной-врачом тем, что я ему очень нравлюсь. И та решила излечить его от этой «болезни». Но Николай Афанасьевич в лечении не нуждался.

И вот как-то в выходной день я пошла на пляж. Вижу — вдалеке идет моторка. Вдруг она круто разворачивается и идет ко мне. Смотрю — в лодке Николай Афанасьевич с нашими актерами. Предлагают мне ехать с ними на рыбалку.

— Нет, — говорю, — мне здесь нравится. Отличное место.

Тогда Крючков обращается к одному из артистов и просит:

— Юра, пока мы будем рыбачить, побудь с нашей ассистенткой. Мало ли что...

И рыбаки поплыли дальше. А Юра развеселился: хватал меня за руку и тащил в воду, не успевала я согреться, он опять тащил меня в реку. Наконец рыбаки вернулись, и Николай Афанасьевич спросил:

— Ну как, позагорала?

— С Юрой позагораешь, — пожаловалась я.

И тогда Николай Афанасьевич сжал кулаки, побледнел и пошел на Юру. Я испугалась.

— Да я пошутила! Все хорошо.

А когда варили уху, Юра обиженно спросил:

— Что же ты ничего не сказала о своих отношениях с Николаем Афанасьевичем?

— Да нет у нас никаких отношения! Он просто рыцарь и никогда не позволит обидеть женщину.

И тогда я поняла, что так Николай Афанасьевич относится ко мне неспроста. Уже после женитьбы он вспомнит эту историю и скажет:

— Если бы я тогда ошибся в тебе, в том образе, который создал, я бы потом не смог поверить ни одной женщине.

Та женщина, на которой он был тогда женат, глубоко его разочаровала. Семьянин по своей натуре, он практически не имел семьи. А он больше всего нуждался в покое и не находил его в собственном доме. И от этого страдал.

На другой день он уезжал в Ялту и перед отъездом попросил, чтобы я каждый день к утру присылала ему телеграмму. Я обещала. А он дал слово каждый день присылать мне телеграмму к обеду. Мои тексты, в общем-то, были однообразны: все хорошо, снимаем, ждем... От него же я получала необыкновенные романтические послания.

Он приезжал, уезжал, и с каждым разом мы ближе узнавали друг друга. Потом он приехал на мой день рождения и сделал мне предложение: попросил стать его женой. Я дала согласие. Он был старше меня на девятнадцать лет. Ровно столько лет назад я впервые увидела его в фильме «Трактористы». Тогда для меня мечта увидеть его в жизни казалась нереальной, несбыточной.

Наша экспедиция закончилась, закончились съемки и у Николая Афанасьевича. Мы возвращались в Москву в один день: он — из Ялты, я — из Черкасс. Накануне он позвонил мне и сказал:

— Завтра встречаемся и больше никогда не расстаемся.

А назавтра мы встретились, и он отвез меня на свою квартиру. Начало совместной жизни всегда связано с пониманием того, что есть общего и близкого у двух людей. Я мало знала о его детстве и юности. И когда он рассказывал мне о своих детских мытарствах, о «Трехгорке», о ТРАМе, я невольно переживала и свое военное и послевоенное детство в деревне, учебу на «Мосфильме». Здесь у нас было много общего, даже то, что мы оба сохранили веру в добро, в людей, которые нас окружали и помогли выжить в трудные годы.

А потом он сказал:

— Мне надо было лучше тебя узнать. Я чувствовал, что мое время создать семью уходит и лучше остаться одному, чем ошибиться и вновь разочароваться. И я поверил тебе, как верю самому себе, — ты именно такой человек, который мне нужен и которого я долго искал.

Я поняла, что должна вернуть ему веру в то, что женщина может быть не только хранительницей домашнего очага, но и настоящим другом. Я видела, что он нуждается именно в таком друге. А я была счастлива, что встретила такого человека, который восхищал меня своим благородством, талантом, щедростью души.

Он очень любил дочь Элю и внучку Катю. Они у него были титулованы: дочь — королева, внучка — княгиня. Если я что-то не разрешала им, они тут же обращались к нему и сразу получали то, что хотели.

Чтобы быть рядом с ними, с работы я ушла. Кроме того, здоровье Николая Афанасьевича требовало от меня постоянного внимания и участия.

Сложилось мнение, что на Крючкова работает его талант, что ему дается все легко, без подготовки, с ходу. Смею уверить, что это совсем не так. Его рабочий день начинался в пять утра, в тишине и покое, когда никто и ничто не отвлекает от изучения материала и вхождения в роль. Непременным условием для себя он считал свободное владение не только текстом своей роли, но и своего партнера. Это, говорил он, помогает актеру быть раскованным, собранным и спокойным и на сцене, и на съемочной площадке. Он отдавал своей работе всего себя без остатка. Огромные физические нагрузки, тяжелое полуголодное детство — все это с возрастом давало о себе знать. И если он еще держался, то лишь потому, что обладал мощным духовным здоровьем. И поддерживали в нем это здоровье люди, которые окружали его любовью и вниманием.

Он везде был настолько своим, что у него нигде и никогда даже не спрашивали ни пропуск, ни билет. Помню, мы пошли с ним в Георгиевский зал Кремлевского дворца — ни один дежурный не протянул руку за пропуском. Только улыбались и вежливо здоровались.

Как-то мы поехали с ним в Степанакерт. Там Николай Афанасьевич должен был сниматься в фильме «Трудный переход». Не успели сойти с поезда, как администрация картины обратилась к Николаю Афанасьевичу с просьбой дать согласие на участие в творческом вечере. Это было нужно, чтобы задобрить местные власти, без помощи которых, как известно, почти невозможно проводить съемки.

Конечно же, Николай Афанасьевич согласие дал. Вечер был организован в помещении кинотеатра, который не мог вместить всех желающих. Думаю, на площади перед кинотеатром собрался чуть ли не весь город. Нам пришлось пробиваться к входу в плотном оцеплении милиции.

Вначале показали несколько отрывков из ранних фильмов, в которых участвовал Николай Афанасьевич, потом выступил он сам и сказал:

— Посмотрел я эти кадры, и мне стало грустно. Грустно от того, что таких ролей я больше не сыграю — молодость не вернешь. И все же я счастлив! Счастлив потому, что вижу — мое творчество приносит вам радость. А это главное.

Кстати, по пути в Степанакерт произошло небольшое происшествие, которое при других обстоятельствах могло бы кончиться плачевно. Это случилось на одной из небольших станций. Мы стояли у окна вагона и смотрели на провожающих. Но вот поезд тронулся, и мы увидели, как какой-то тип на платформе развернулся и дал пощечину женщине, с которой только что разговаривал. Николай Афанасьевич вздрогнул, будто это ударили его, и побледнел. Потом бросился в тамбур. Когда я догнала его, он стоял уже на подножке вагона, держась за поручень, готовый спрыгнуть. А поезд уже набирал скорость.

— Я прыгну за тобой! — успела крикнуть я.

Это его остановило. Он поднял ко мне землистое лицо и стал медленно подниматься. Я представила, что могло бы случиться, если бы он спрыгнул под откос, и заплакала. Он обнял меня и стал успокаивать:

— Ну-ну, ладно... Все хорошо... — И, помолчав, добавил: — А все же надо бы было проучить этого стервеца!

Впрочем, думаю, никакой бы силовой метод воспитания и не потребовался: слишком хорошо знали артиста на всем огромном пространстве бывшего Союза.

Его прекрасно знали и за рубежом. Когда

вокзалах его приветствовали иностранцы, я спрашивала:

— Ты их знаешь?

И он отвечал:

— Нет. Это они меня знают.

Как-то после концерта в одном московском клубе его пошли провожать поклонники и поклонницы.

— Николай Афанасьевич, — спрашивают, — может, вам что-нибудь нужно? Мы все для вас сделаем.

— Спасибо, дорогие мои, но мне ничего не нужно.

— Но, может быть, вашей жене?..

— Да, жена у меня очень любит цветы.

И они принесли столько цветов, что понадобилось несколько больших коробок, чтобы их упаковать. Квартира потом превратилась в цветущий сад.

Сам он любил дарить зимой розы. И в памяти моей они навсегда сохранили красоту, свежесть и аромат.

Николаю Афанасьевичу тоже делали подарки. Об одном из них, который растрогал его до глубины души, я хочу рассказать. Ему тогда было уже восемьдесят два года, и он перенес тяжелую операцию.

Нас пригласили в Киноцентр на рождественский вечер. Николай Афанасьевич не мог отказаться от встреч со старыми друзьями — все-таки он оставался общественным человеком и нуждался в общении с близкими ему людьми. Мы пошли.

...ли осмотреться в фойе, как увидели, что к ...ется Олег Николаевич Ефремов.

— Николай Афанасьевич! — воскликнул он. — Наконец-то мы встретились не на собрании, не на конференции, а на хорошем вечере, где можно поговорить по-человечески. Ведь ты один из самых дорогих и любимых моих людей.

И они долго объяснялись в любви друг к другу. А потом был прекрасный концерт.

Не знаю, то ли эта встреча всколыхнула что-то в душе Олега Николаевича, то ли что еще, но через месяц Николай Афанасьевич получил приглашение во МХАТ на благотворительную акцию, посвященную вручению пожизненных стипендий потомкам мецената Художественного театра Саввы Морозова.

Нас посадили в первый ряд. После официальной части на авансцену вышел Олег Николаевич и объявил:

— Здесь у нас присутствует народный артист СССР, Герой Социалистического Труда, наше национальное достояние Николай Афанасьевич Крючков.

Далее он отметил большие заслуги Николая Афанасьевича в искусстве и пригласил на сцену представителя организации «Ростекстиль», который зачитал решение о том, что артисту Крючкову, посвятившему все свое творчество прославлению любви и добра, назначается пожизненное денежное пособие.

Николай Афанасьевич был так тронут таким неожиданным вниманием к нему мхатовцев (ведь дело не только в пособии, хотя и это немаловажно), что в ответном слове, поблагодарив организаторов акции, ограничился лишь одной фразой, правда, сказанной с лукавой улыбкой:

— Ради такого признания стоило жить и работать.

Лукавство лукавством, а вообще-то было от чего растрогаться — ведь Николай Афанасьевич никогда не работал во МХАТе.

Но в жизни не всегда все гладко. Когда он был с концертами на БАМе, у него открылась старая язва желудка. Консилиум врачей вынес решение: только операция, никакое лечение не поможет. Но, слава богу, наступили майские праздничные дни, и его положили только одиннадцатого. А через день, после рентгена, выписали, не обнаружив никакой язвы. Врачи глазам своим не верили и все спрашивали:

— Что же вам помогло? Это просто чудо!

— А вы спросите у моей жены.

А то средство, которое помогло ему навсегда избавиться от этой болезни, помогли мне составить друзья и знакомые, которым был дорог Николай Афанасьевич. Диета была очень строгой, но он выполнял все предписания, похудел на двадцать килограммов, но обошелся без операции. Было ему тогда шестьдесят восемь лет.

Николай Афанасьевич прожил долгую и счастливую жизнь. И если бы мне понадобилось описать героя своего романа, то все черты его я бы нашла в нем. Я сделала для него все, что могла, а главное — сохранила на всю жизнь свое первое чувство, чувство непреходящей радости быть рядом с ним.

Через многие годы, когда он получил Звезду Героя Социалистического Труда, он положит ее на ладонь, протянет мне и скажет:

— Половина твоя.

Это моя награда за нашу жизнь. Более трех десятилетий нашей жизни промчалось, пролетело, но мне все в ней запомнилось. Я помню день первый, когда он сказал мне:

— Завтра встречаемся и больше никогда не расстаемся.

И день последний:

— Я люблю тебя.

И я то же сказала в ответ.

Печаль мою не выплакать слезами, она легла на сердце навсегда...

От автора

Людей, близко знавших Николая Афанасьевича Крючкова, осталось так мало, что их можно перечесть по пальцам. Тем более ценна память каждого из них о великом Актере. И я искренне благодарен всем, кто любезно откликнулся на просьбу помочь мне при работе над книгой своими воспоминаниями, дневниками, фотоматериалами.

И прежде всего мой низкий поклон Лидии Николаевне Крючковой, которая бережно сохранила семейный архив и доверила мне пользоваться им. Из ее устных рассказов о Николае Афанасьевиче мне стал ближе и понятнее характер этого необыкновенного человека, любящего мужа и примерного семьянина.

Моя глубокая признательность прекрасным людям и артистам Кириллу Столярову и двум супружеским парам: Борису Токареву и Людмиле Гладунко, Льву Полякову и Инессе Выходцевой. Они щедро поделились со мной интересными историями и фактами из жизненной и творческой биографии Артиста.

Внимательный читатель, наверное, заметил, что я нигде не титулую артистов. Дело в том, что когда я спросил одного народного, как его титуловать, он очень удивился: «Артист! Как же еще? Разве не звучит?» И я согласился, что очень даже звучит. Артист! Это и есть самое высокое звание у людей, которые, по словам Н. Карамзина, учат нас «как душу возвышать и полубогом быть».

Кланяется им всем
Автор

Содержание

Литературно-художественное издание

Евграфов Константин Васильевич

НИКОЛАЙ КРЮЧКОВ

Ответственный редактор *И. Топоркова*
Редактор *П. Ульяшов*
Художественный редактор *А. Новиков*
Компьютерная обработка иллюстраций *Е. Анисина*
Технический редактор *Н. Носова*
Компьютерная верстка *Е. Мельникова*
Корректор *Т. Самарцева*

ООО «Издательство «Эксмо».
107078, Москва, Орликов пер., д. 6.
Интернет/Home page — www.eksmo.ru
Электронная почта (E-mail) — info@ eksmo.ru

Подписано в печать с готовых диапозитивов 04.02.2003.
Формат 84 × 108 $^1/_{32}$. Гарнитура «Петербург».
Печать офсетная. Бум. писч. Усл. печ. л. 13,44+вкл.
Тираж 3100 экз. Заказ 9294
Отпечатано в полном соответствии
с качеством предоставленных диапозитивов
в ОАО «Можайский полиграфический комбинат»
143200, г. Можайск, ул. Мира, 93.

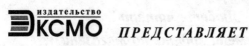

RUS-B KRIUCHKOV E
Control #: ocm52274857
Nikolai Kriuchkov